Paul Ferrini
Nach Hause kommen

Die amerikanische Originalausgabe
erschien unter dem Titel „Dancing with the Beloved –
Opening our hearts to the lessons of love"
bei Heartways Press, P.O. Box 99, Greenfield, MA 01302 USA.
info@heartwayspress.com
© 1996 by Paul Ferrini
www.paulferrini.com

Paul Ferrini:	Übersetzung: Andreas Klatt
Nach Hause kommen	Lektorat: Dirk Grosser
© der deutschen Ausgabe:	Foto: Rowan Schelten / photocase.com
Aurum Verlag in J. Kamphausen	Umschlaggestaltung,
Verlag & Distribution GmbH,	Satz: Wilfried Klei
Bielefeld 2010	Druck & Verarbeitung:
info@j-kamphausen.de	KN Digital Printforce GmbH, Stuttgart

www.weltinnenraum.de

Bibliografische Information der Deutschen Nationalbibliothek

Die Deutsche Nationalbibliothek verzeichnet diese
Publikation in der Deutschen Nationalbibliografie;
detaillierte bibliografische Daten sind im Internet
über **http://dnb.d-nb.de** abrufbar.

ISBN 978-3-89901-295-8

Alle Rechte der Verbreitung, auch durch Funk, Fernsehen und
sonstige Kommunikationsmittel, fotomechanische oder vertonte Wiedergabe
sowie des auszugsweisen Nachdrucks vorbehalten.

PAUL FERRINI

Nach Hause kommen

Ins Deutsche übersetzt von
Andreas Klatt

AURUM

Einleitung.....7
Epiphanien..... 14
Das Leben ist nicht perfekt.....16
Erkennst du mich jetzt?.....22
Mit dem Schmerz tanzen.....25
Um mein Leben bangen.....29
Sich der Liebe hingeben.....30
Die Beerdigung.....33
Das Fundament schaffen.....35
Ich bleibe in einer Gewissheit.....42
In Venedig, über dem Kanal.....44
Das Reaktionsvermögen.....46
Dies ist nicht verhandelbar.....52
Dem Schatten begegnen.....55
Eine Jungfräuliche.....60
Gesang eines Liebenden.....62
Rückkehr des Wagens.....65
Das gerissene Gewebe flicken.....67
Freundschaft.....73
Sing mir keine Loblieder.....80
Ein neuer Bund.....82
Schwarzes Eis am Fluss.....87
Am Flussufer.....90
Sich im Mysterium wiegen.....93
Reisen an den Platz.....95
Zarte Gnade.....99
Der Kelch.....103
Die Quelle.....104
Die Heldenreise.....105
Der Wasserfall.....110
Der Fluss des Lebens.....111
Feuertaufe.....116
Ein dritter Körper.....117
Haiku.....118
Angst vor der Hingabe.....119
Der siebte Tag.....121
Annahme.....125
Gebet.....131
Die Gewissheit deiner Liebe.....132

Einleitung

„Nach Hause kommen" enthält einige Inspirationen und Einblicke, die ich erhielt, als eine wichtige Beziehung in meinem Leben endete und die Samen einer anderen gesät waren. Dieses Buch enthält auch eine Reihe meiner letzten Gedichte, die, wie ich hoffe, ein emotionales Gegenstück zu meiner Prosa liefern.

Ich habe schon immer in meinen intimen Beziehungen mehr als in irgendeinem anderen Bereich meines Lebens gelernt. Einige dieser Lektionen waren schwierig und schmerzhaft, aber am Ende haben sie mir alle dabei geholfen, mein Herz zu öffnen.

Eine der wichtigsten Sachen, die ich über das Wesen der Liebe gelernt habe, ist, dass sie unser Vertrauen braucht. Wir müssen uns selbst vertrauen. Wir müssen unserem Partner vertrauen. Und wir müssen der natürlichen Ordnung und Güte unseres Lebens vertrauen. Ein Mangel an Vertrauen in einem dieser Bereiche untergräbt unser Vertrauen in unsere Beziehungen und macht es uns unmöglich, den Schleier der Angst, der uns voneinander trennt, zu lüften.

Natürlich basiert Vertrauen auf Annahme. Wir können einem Menschen, den wir nicht annehmen, einfach nicht vertrauen. Der Versuch, das zu tun, ist, so fürchte ich, einer der frustrierendsten Aspekte einer Beziehung.

Meiner Erfahrung nach verstehen nur wenige Menschen, was Annahme bedeutet. Oder vielleicht verstehen sie Annahme als relativ: Manche Teile ihres

Partners nehmen sie an, andere nicht. Leider kann eine teilweise Annahme kein Vertrauen hervorbringen. Und ohne Vertrauen ist Liebe infantil und egoistisch. In der Tat: Das Liebe zu nennen, würde wirklich ein Missverständnis sein und ihre Bedeutung trivialisieren.

Wenn wir Liebe erfahren wollen, müssen wir unseren Partner vollständig umarmen. Wir müssen bereit sein, unseren Partner oder unsere Partnerin so sein zu lassen, wie er oder sie nun einmal ist. Das bedeutet: kein Reparieren, kein Retten, kein Ummodellieren unseres Partners, damit er unserem Bild oder dem von irgendwem anders entspricht (das schließt unsere Eltern und Freunde ein).

Das bedeutet nicht, dass wir unseren Partner für perfekt halten. Wir vergöttern ihn nicht oder verschließen unsere Augen vor seinen Schwächen. Wir nehmen diese Unvollkommenheiten einfach wahr als das, was sie sind, und akzeptieren sie als einen Ausschnitt des ganzen Bildes.

Solch eine integrierte Sichtweise ist heutzutage nicht besonders gefragt. Das Sezieren und die Analyse der Schwächen unseres Partners (und vielleicht auch unserer eigenen) sind die Regel in vielen Beziehungen.

Die Unfähigkeit, die Ganzheit unseres Partners zu sehen und zu ertragen, ist symptomatisch für unsere Unfähigkeit, unsere eigene zu sehen und zu ertragen. Die meisten von uns haben eine zutiefst gespaltene und widersprüchliche Beziehung zu sich selbst. Diese innere Spaltung drückt sich selbstverständlich in allen intimen Beziehungen aus, die wir haben. Sie überträgt sich direkt in neurotische Gedanken, Emotionen und ein ambivalentes Verhalten unseren Partnern gegenüber.

Ist es da ein Wunder, dass unsere intimen Beziehungen oft auseinanderbrechen? Wenn es beiden Menschen an Selbstvertrauen mangelt und sie ambivalent miteinander umgehen, wie soll hingebungsvolle Liebe da möglich sein?

Die Wahrheit ist, sie ist nicht möglich.

Die Wahrheit ist, dass unser Seelenpartner erst in unser Leben kommen kann, wenn wir lernen, uns selbst auf Gedeih und Verderb zu mögen und anzunehmen. Außerdem ist unser Seelenpartner genauso unperfekt wie wir selbst. Wenn wir ihre oder seine Unvollkommenheiten als Hindernis für unsere Liebe und Annahme sehen, dann werden wir den Schleier unserer eigenen Angst nicht lüften.

Liebe ist wirklich eine innere Aufgabe. Sie beginnt in unseren eigenen Herzen und dehnt sich dann auf andere aus.

Also ist es an der Zeit aufzuhören, sich auf die andere Person zu fokussieren. Es ist nicht sein oder ihr Fehler, dass die Beziehung nicht funktioniert hat.

Es hat nicht funktioniert, weil wir nicht in der Lage waren, so zu vertrauen, wie es die Beziehung von uns erfordert hätte. Wir können uns auf das konzentrieren, was die andere Person versäumt hat einzubringen, aber das wird uns nicht helfen.

Die Frage ist immer, was wir bereit sind einzubringen. Solange wir uns nicht ganz einbringen können, wird eine andere Person nie unsere Erwartungen erfüllen.

Und so dreht sich das Rad der Liebe weiter. Ringelringelreih. Wir sind der Kinder drei, sitzen unterm Hollerbusch, machen alle Huschhuschhusch. Wir alle fallen raus.

Wir fallen in die Tiefen der Verzweiflung, fragen uns, ob die Sehnsucht nach Liebe und Vereinigung eine Bürde ist, die wir bis zu unserer schlussendlichen Kreuzigung zu tragen haben… ja, am Ende einer Beziehung, die nicht funktioniert, wirkt der Abschied etwas trostlos.

Aber wir müssen unseren Sturz in die Verzweiflung nutzen, um uns zu erden. Wir müssen erkennen, dass Liebe ohne Akzeptanz ein Widerspruch in sich ist. Das geht jetzt nicht auf und wird auch niemals aufgehen.

Solange zwei Menschen sich ändern, verbessern, festnageln oder erlösen wollen, ist der Ausgang ihrer Beziehung ziemlich vorhersagbar. Es mag mit aufgeblasenen Erwartungen beginnen, die beide Menschen in die Stratosphäre katapultieren, aber es endet wieder auf der Erde, dort wo es anfing, häufig mit einer gigantischen Bauchlandung.

Vielleicht sollten wir, wenn wir das nächste Mal solch eine Reise in Erwägung ziehen, besser einige Grundvoraussetzungen berücksichtigen, so etwas wie „Mögen wir die andere Person wie sie ist? Sind wir einverstanden mit der Tatsache, dass sich unser Partner nur einmal in der Woche wäscht und seit vier Jahren nicht arbeitet? Sind wir in der Lage damit umzugehen, dass unser Partner jeden Tag aus einem unerklärlichen Grund unglaublich wütend wird und besonders bewandert ist in den drei Ks: kritisieren, korrigieren und kontrollieren?" Und wenn die Antwort auf diese Fragen „ja" ist, dann sollten wir vielleicht irgendeine Form von Notfalltherapie in Erwägung ziehen!

Lasst uns realistisch sein! Bedingungslos zu lieben ist ein großartiges Ziel, aber wie viele von uns sind bereit, sich für ein Rendezvous mit Hitlers Vertrautem zu verabreden?

Natürlich, als wir angefangen haben, ihn oder sie zu treffen, dachten wir noch, er oder sie sei Prinz oder Prinzessin von Monaco, aber wir haben uns getäuscht, oder etwa nicht?

Was sagt es aus über uns, wenn wir Partner auswählen, die wir unmöglich lieben oder annehmen können?

Wenn wir in Kontakt getreten sind mit unseren Wurzeln, beenden wir vielleicht die Suche nach dem perfekten Geliebten und halten stattdessen Ausschau nach einem Partner, den zu lieben wir in der Lage sind.

Oft wird das bedeuten, in die Seiten hinter dem Buchdeckel zu schauen. Was ist die Wahrheit über diese Person? Zu welchem Anteil agiert und reagiert er oder sie aufgrund von Angst und Ängstlichkeit? Und ebenso wichtig: Wie launisch sind wir? Wo überschreiten wir unsere Fähigkeit vier- oder fünffach zu lieben?

Wenn wir clever sind, halten wir unsere Augen und unser Herz offen, sobald wir eine Beziehung beginnen. Denn was auch immer wir zu Beginn einer Beziehung übersehen – in uns oder im anderen –, wird uns später begegnen.

Die Wahrheit wird immer herauskommen. Verkleiden oder verstecken kann man sie nur für eine kurze Zeit. Und es ist nicht zu unserem Vorteil, wenn wir versuchen, sie zu verstecken.

Kleider machen keinen Mann und keine Frau. Sie führen nur zu einem Bild, das früher oder später zerstört werden muss, wenn wir die echte Person sehen wollen.

In Wirklichkeit sehen einige Leute besser aus, als sie sind, und andere sind viel besser als sie aussehen.

Wenn du das nicht schon weißt, lerne es besser jetzt, bevor sich das Karussell weiterdreht.

Die Wahrheit über deinen Seelenpartner ist, dass er oder sie genauso gut ist, wie du es bist. Und dasselbe gilt für den Partner, von dem du dich soeben getrennt hast.

Nicht besser, nicht schlechter.

Was auch immer in dir ist, es wird herauskommen. Und eines Tages wirst du es anschauen und sagen „Es ist okay. Ich kann damit leben." Und das wird der Tag sein, an dem dein Seelenpartner vor dir steht.

Ich danke all meinen Geliebten und Freunden, die mir halfen, das zu lernen, was ich lernen musste. Mögen sie alle ihre eigene wahre Natur und die wahre Natur der anderen umarmen können. Mögen sie alle Frieden und Glück finden. Mögen sie lernen, bedingungslose Liebe zu geben und zu erhalten.

Namaste,
Paul Ferrini

Epiphanien

*Und von dem Licht,
das mich sanft
bis zu deiner Tür
geleitet hat.*

*Dieses Licht,
das durch die Blätter
der Bäume fällt,*

geht in der Abenddämmerung
in einen Schatten über,

oder beim Folgen der Finger
deiner Hände
auf dem Piano

in die Stille:

Es ist mehr
als das Hinschwinden
des Tages,
mehr als das Ende
einer Reise.

Es ist die Erntezeit
des Herzens:
Epiphanien

Von Himmel und Erde,
männlich und weiblich
kommen zusammen.

Es ist die Stunde
unserer Hingabe.

Das Leben ist nicht perfekt

Wir wollen, dass das Leben vollkommen ist, aber das ist es nicht. Es ist unvollkommen, zerlumpt, unvollendet. Nie scheint es so zu sein, wie wir es uns wünschen.

Das Leben widersteht unseren Erwartungen und unserem Bedürfnis nach Kontrolle.

Manchmal wirkt das Leben unergründlich, sogar ohne jede Ordnung. Das ist es nicht wirklich, aber seine Bedeutung und seine Ordnung sind oft subtil, versteckt, sich nur allmählich offenbarend.

Seine Ordnung ist nicht unsere Ordnung. Was es anzubieten scheint, scheint nicht in Einklang zu bringen zu sein mit dem, was wir uns ersehnen. Und wir sind ungeduldig. Wir wollen ihm unsere Ordnung aufzwingen, unseren Willen. Wir wollen, dass unsere Erwartungen erfüllt werden, jetzt!

„Lass los!", fordert uns das Leben ständig auf. „Egal, wie sehr du dich auch anstrengst, du wirst nicht bekommen, was du dir wünschst, solange du es dir wünschst."

Das Leben verlangt uns ständig Anpassungen ab, ständig müssen wir unsere Pläne aufgeben. Es fordert uns auf, Abstand zu nehmen von der Vorstellung, dass wir wüssten, wie die Dinge eigentlich zu sein hätten.

„Lass die Dinge einfach so sein, wie sie sind", sagt es uns, „und du wirst den ersten Schritt in diesem Tanz machen."

Dinge so sein zu lassen, wie sie sind, ist eine Art, Gott zu sagen: „Ich bin bereit, mit dir zu tanzen. Du bist kein vollkommener Gott und du erfüllst auch nicht meine Fantasien, genauso wenig wie meine Erwartungen, aber ich kann deine Realität so annehmen, wie sie ist."

Wenn du einen Lebenspartner hast, sagst du dasselbe wahrscheinlich zu ihm oder zu ihr.

Du nimmst Teil am Tanz, unvollkommen, wie er ist.

Du erlaubst der Stümperhaftigkeit des Lebens, das zu sein, was sie ist. Du erlaubst der Ordnung, dann aufzutauchen, wenn es ihr passt. Du hörst auf, das Leben in deine Vorstellungen und Bedingungen hineinzuzwängen.

Du sagst: „Es ist gut genug so, wie es ist. Es ist annehmbar, genauso wie es hier und jetzt ist."

Das ist der Moment der Hingabe, wenn du aufhörst, das Leben kontrollieren zu wollen, wenn du herunterkommst von deinem Egotrip.

Die Taoisten wissen, dass das Leben von Grund auf großartig ist, wenn du es so sein lässt, wie es ist. Eigentlich ist es sogar großartig, wenn du versuchst es zu kontrollieren, aber du kannst die Großartigkeit nicht sehen, weil du gegen das ankämpfst, „was ist".

Die Taoisten sagen: „Gib den Kampf auf. Gib dich dem hin, was ist. Spring in den Fluss und lass dich von der Gegenwart mitreißen. Wenn du schwimmen musst, schwimme mit der Gegenwart, nicht gegen sie.

Stelle dich nicht gegen das Leben. Arbeite mit ihm."

Wenn Leute dich fragen, wie es dir geht, dann sag ihnen einfach: „Das Leben ist bizarr und unvorhersagbar, aber ich arbeite damit."

Du musst mit dem Leben nicht einverstanden sein, um darin gegenwärtig zu sein.

Du musst mit Gott nicht einverstanden sein, oder mit deinem Partner, oder mit deinen Eltern, oder mit dem Aktienindex, um ein glücklicher Mitspieler zu sein.

Ein glücklicher Spieler mischt mit, weil das Spiel an sich magisch ist.

Jeder Moment ist eine Gelegenheit, glücklich mitzuspielen. Kannst du glücklich spielen, obwohl sich das Leben nicht so präsentiert, wie du es gern hättest?

Hiob hatte seine Familie verloren, seine Besitztümer und seine Gesundheit, aber er sagte trotzdem weiterhin: „Ich bleibe dran, Gott, auch wenn du sicherlich meine Geduld auf eine Probe stellst."

Gott belohnte Hiob, nicht weil er gehorsam, sondern weil er geduldig war. Gib dem Leben Zeit, sich dir zu offenbaren, dann wird es eines Tages geschehen.

Die Bedeutung ist stets da, aber du siehst sie nicht immer, wenn du es gerne hättest.

Wenn du dich hingibst, ist das der Moment, in dem dir die Bedeutung klar wird. Wenn du loslässt, dann siehst du die Gabe, die Gott dir geben möchte.

Darin ist immer ein Geschenk für dich enthalten, denn Leben ist innere Vollkommenheit, die sich allmählich in einer Form manifestiert. Du hast bloß Schwierigkeiten, diese Vollkommenheit zu sehen, weil sie nicht zu deinen unmittelbarsten Wünschen und Erwartungen passt.

Das war die Wirklichkeit, in der Hiob lebte, und nicht weniger ist es die unsrige: Bewusstsein ist immer in einer Glaubenskrise. Es weiß, dass sich etwas Verstecktes offenbart, aber es kann dies nicht sehen oder berühren.

Glaube bedeutet zu wissen, dass die Gabe da ist, auch wenn sie unsichtbar und unberührbar ist. Glaube, Geduld und Humor sind die Zutaten für einen großen Tanz. Aber dieser Tanz kann nicht stattfinden, bevor du nicht deinen Drang aufgibst, verstehen und kontrollieren zu wollen. In deinem stolzen, hingebungslosen Zustand ist alles, was du tun kannst, auf den Füßen der anderen herumzutrampeln.

Du musst all das loslassen, was du meinst zu wissen, und dich in den Moment hinein entspannen. Dann kann der Tanz beginnen.

Glaube ist eine Art von Bewusstsein. Er ist keine existenzielle Wirklichkeit.

Eine Person mag Glauben haben, eine andere nicht. Eine Person mag sich hingeben, eine andere mag versuchen zu kontrollieren.

Aber die Wahrheit ist für beide dieselbe: Versuche zu kontrollieren, und du verlierst die Kontrolle. Vertraue und du kommst in Einklang mit dem großen Willen.

Willst du den großen Tanz tanzen oder nicht?

Es liegt an dir. Gott ist es gleich, ob du tanzt oder nicht. Er oder sie ist nicht von der Wahl, die du triffst, beeinflusst.

Wenn er oder sie das wäre, dann wäre er oder sie genauso hilflos wie du. Nein, Gott interessiert es einen feuchten Kehricht, was du zu tun entscheidest.

Das ist das Zugeständnis, in das er oder sie einwilligte, als dir ein freier Wille gegeben worden war. Gott sagte: „Lass die Menschen entscheiden und aus ihren Fehlern lernen. Ich werde sie nicht kontrollieren oder retten."

Das ist Gottes Gabe an dich. Es scheint nicht viel, aber es ist wirklich eine beeindruckende Gabe.

Schenk diese Gabe irgendeinem deiner Freunde und schau zu, wie machtvoll sie ist. Sag ihnen einfach: „Ich liebe dich und unterstütze dich dabei, deine eigenen Entscheidungen zu treffen. Wenn du einen Fehler machst, werde ich nicht einspringen und die Sache in Ordnung bringen, weil ich darauf vertraue, dass du daraus lernen wirst."

Probier es aus und nimm wahr, wie machtvoll das ist!

Das ist also die Gabe, die Gott dir anvertraut hat.

Bist du schon bereit zu tanzen?

Falls nicht, sei versichert, dass das okay ist. Du wirst nicht bestraft werden. Du kannst dich in den Tanz fügen, wann auch immer du bereit dafür bist.

Gott hat dir eine Menge Zeit gegeben, dir bewusst zu werden.

Es gibt keine Eile.

Denk einfach daran, dass du nicht mit einem perfekten Gott tanzt, genauso wenig wie Gott mit einem perfekten Menschen tanzt.

Weil die Tänzer unvollkommen sind, wirkt der Tanz zuweilen unbeholfen. Aber wenn die Tänzer ihre Unvollkommenheit vergessen und sich ganz dem Tanz hingeben, dann hat er eine unerwartete Würde.

Manchmal ist er brillant.

Das geschieht, wenn wir unseren kleinen Willen dem großen Willen unterordnen. Das geschieht, wenn wir vergessen, wer wir als getrennte Entitäten sind und wenn wir Tänzer in dem Tanz werden.

Wir könnten diese Gnade nicht erreichen, wenn wir sie gezielt anvisieren würden.

Danke Gott dafür, dass er sie in einem Tanz versteckt hat, in dem wir sie entdecken, aber nicht verpfuschen können.

Gnade ist kreisförmig und offen, wie der Tanz. Sie kommt von einem Unwissen, nicht von einem Wissen.

Wissen ist ein zweischneidiges Schwert. Es mag demjenigen Macht geben, der es schwingt, aber Frieden bringen kann es nicht. Es kann uns nicht an einem Tisch zusammenbringen.

Wie Rumi sagte, ist die Tür, die beide Welten voneinander trennt, ein Kreis.

Das Leben ist ein Kreis. Es macht keinen Unterschied, ob du dich inner- oder außerhalb davon befindest.

Was sagst du, lieber Bruder oder liebe Schwester? Bist du bereit zu tanzen?

Erkennst du mich jetzt?

*Kannst du vollständig eins mit mir sein
und immer noch zu dir selbst zurückkommen?*

*Kannst du in unserer Hingabe leben,
sie hin- und herwenden
zwischen der Welt der Zeit
und der Welt, in der Zeit nicht existiert?*

*Kannst du auf dem schutzlosen Gipfel leben,
wo die Stürme der Liebe wehen
nicht nur für einen Tag oder einen Monat
oder ein Jahr,
sondern für eine Ewigkeit?*

*Kannst du dich bestimmen lassen durch
diese eine Welle
in die sich unsere beiden Wellen ergießen?
kannst du in ihrer Flugbahn leben
und in ihrer Umarmung sterben?*

*Viele Männer haben dich um einen Tanz gebeten,
aber hat dich jemand gebeten, so zu tanzen?*

Mit oder ohne Körper, es ist egal!

*Wirst du alles sein, was du bist, in seiner Ganzheit
und dich in mich überquellen lassen?
Wirst du deine Tränen mit meinen
zusammenbringen
und damit den Grund bewässern?*

*Wirst du mich in die geheimen Keller bringen
deiner Zweifel und Ängste,
und dem Mondlicht gestatten,
uns durch die verschneiten Wälder zu geleiten?*

*Du bist zu mir gekommen aus tiefen Gewässern,
hinausgestiegen aus der Mitte des Kreises.*

*Während ich nun tanze, mich im Kreis bewege,
von einem Partner zum nächsten,
erwarte ich einmal mehr die Tiefe deiner Augen
und das Elektrisieren deiner Hand.*

*Aber ich bin froh, dass der Tanz zu Ende ist,
bevor wir uns von Angesicht zu Angesicht
begegnen.
Ich weiß, wenn dieser Moment eintritt
werde ich für immer verloren sein – und du auch!*

*Schau, ich bin nicht nur derjenige,
der dir im Tanz begegnet. Rumi sagt:
„Liebende treffen sich nicht irgendwann
irgendwo. Sie sind bereits die ganze Zeit
im anderen."*

*Erkennst du mich jetzt?
Rumi sagt: „Innerlich und äußerlich
verschwunden, kein Mond, kein Grund
oder Himmel."
Hat dich irgendjemand darum gebeten,
so zu tanzen?*

Mit dem Schmerz tanzen

„Ungeduld ist die einzige Blume, die im Schatten wachsen wird", hast du mir gesagt, während du geschäftig die alten Pflanzgefäße mit Erde auffülltest und sie auf die Haken über dem Geländer im Flur hängtest.

Du hast sogar die alte Teekanne – die Kanne, die wir auf dem Gasherd vergessen hatten und die du mal peinlich genau poliert hast, um die schwarzen, verkohlten Rückstände zu entfernen – in einen Blumentopf verwandelt.

Martha Stewart wäre stolz gewesen, wenn man mal davon absieht, dass die Teekanne etwas klein ausschaute auf der Treppenstufe, wo sie von dir hingesetzt worden war... nun ja, die Blumen würden schon wachsen. Eines Tages würden sie einen großzügigeren Platz am Hauseingang erhalten.

Nun kann ich nicht an dich denken, ohne dass ich von Schmerzen in meinem ganzen Körper durchschüttelt werde. Das ist so intensiv, dass ich denke, ich werde mich übergeben oder ohnmächtig werden.

Deine Stimme am Telefon zu hören hilft, aber ich fürchte, das ist nur ein weiteres Tal in den Wogen der hereinkommenden Wellen.

Ich will nicht Lebewohl sagen. Ich will nicht die Rettungsleine deiner Stimme durchschneiden, aber ich weiß, dass ich nicht daran festhalten kann.

„Im Herzen ist ein Raum für die Liebe, sogar, wenn es entzwei bricht", hast du einmal gesagt, und ich weiß, du hattest recht.

Ich habe dich nie so geliebt wie jetzt.

Es ist erstaunlich für mich, wie hier, einen Schritt vom Abgrund entfernt, eine solche Zärtlichkeit sein kann.

Wir sind wie zwei verwundete Krieger, die auf dem Schlachtfeld sterben – unsere Hände wollen sich berühren, bevor der letzte Atemzug getan ist.

Du hast zu mir gesagt, du seiest hierhergekommen, um zu lernen, deine Rüstung abzuwerfen. Nun, es tut mir leid, ich kann nur feststellen, dass du sie beim Davongehen getragen hast, genau wie ich.

Am Morgen, nachdem du gegangen warst, bin ich hingegangen und habe bemerkt, dass du nun endlich einen Platz für die alte Teekanne gefunden hattest. In einer Ecke der Veranda, neben der Treppe, hattest du die Steine vom Strand zu einem Haufen aufgetürmt und dann die Teekanne mit ihren roten Blumen daraufgestellt.

Wenn ich nun das Haus betrete, werde ich von einer Schönheit begrüßt, wie sie hier noch nie gewesen ist.

Ich weiß, das ist das Geschenk, das du mir machen wolltest. Und ich bin glücklich, dass ich es nun annehmen kann.

Jetzt ist der Eingang zum Haus mit roten Blumen geschmückt, die sogar im Schatten wachsen. Hier legt ein kleines Licht einen langen Weg zurück.

Bevor du gegangen bist, hast du mir gesagt, du seiest überwältigt gewesen von der Intensität meiner Liebe für dich.

Du brauchtest auch den Schatten.

Du musstest 3.000 Meilen zwischen dich und mich bringen, um fähig zu sein, auch das Geschenk, das ich für dich hatte, anzunehmen.

Nun, zumindest halten wir uns bei den Händen, einen Schritt vom Abgrund entfernt... zu viel Wut. Nicht genug Kraft, sie zu beherrschen.

Können wir lernen, ihn aus der Distanz zu beherrschen und dann näher zu tanzen, oder ist der Tanz vorbei? Wird unsere Wut weiterhin unsere Liebe überwältigen, oder werden wir lernen, uns durch unseren Ärger hindurchzulieben?

Ein kleiner Junge und ein kleines Mädchen, die ihre Mutter abweisen, weil Mamas Liebe nicht sicher ist.

Mama ist ärgerlich. Also lieber nicht zu nahe kommen.

„Meine Mutter hat an mir herumgemeckert", sagst du mir, „und nun entdecke ich Mängel an dir. Anscheinend kann ich das nicht abstellen. Die winzigste Sache bringt meinen Ärger ins Rollen. Und du kannst damit nicht umgehen... du hast Angst vor meinem Ärger. Du verteidigst dein Revier nicht. Dann fühle ich mich verlassen."

„Ich weiß", sage ich. „Wir drehen uns immer und immer wieder im Kreis."

„Ich weiß, dass es vielleicht zu viel ist, darum zu bitten", gibst du schließlich zu, „aber ich brauche einen Schamanen, der bei mir bleibt, wenn ich ausraste."

„Ich werde es probieren", sage ich, völlig naiv. „Mach weiter damit, den Löwen auf die Schafe anzusetzen."

„Wird nicht funktionieren", warnst du. Und du solltest recht behalten. Sobald der Löwe anfing zu brüllen, besorgten sich die Schafe ein Zugticket ins Schlaraffenland.

Weder ich noch du können neben dem Löwen liegen, ohne wegzulaufen oder zurückzubrüllen.

Nur ein sehr geborgenes Schaf kann bei einem Löwen liegen.

Hier, an der Schlucht, am Eingang zum Abgrund, kannst du hier deinen Ärger anschauen, ohne ihn auf mich abzuwälzen? Kann ich mit dir im Moment bleiben, wenn du ärgerlich bist, ohne dich abzuweisen, auch wenn dein Ärger mich verängstigt?

Kann ich mit meiner Furcht sein und deinem Ärger begegnen, erkennend, dass er nur meinen eigenen widerspiegelt?

Kann einer von uns mit der Bewertung oder dem Ärger des anderen leben, ohne gleich zu reagieren?

Ist das zu viel erwartet?

Die Natur der Liebe ist es, dass sie alles an die Oberfläche bringt, das keine Liebe ist. Daran führt kein Weg vorbei. Das ist der Tanz.

Den Partner zu wechseln hilft nicht. Deinen Partner zu verlassen hilft auch nicht.

Der Tanz geht weiter, ganz egal, wer ihn tanzt. Er verscheucht alle Illusionen. Er ist völlig verheerend.

Wenn er vorüber ist, ist alles, was dir bleibt, die Liebe.

Da ist kein Widerstand mehr, kein Kampf, kein Schmerz, kein Umherschubsen und Zurückhalten mehr.

Du bist nur ein Blatt, das im Fluss treibt. Du bewegst dich mit dem Gegenwärtigen. Du tust, was die Liebe dir aufträgt.

Um mein Leben bangen

Als ich dich traf,
erschauderte ich,
bangte um mein Leben.
Nun verstehe ich, weshalb.

Der Tod ist da,
im Gewand der Geliebten.
Derjenige, der ich früher war,
ist für immer gegangen!

Sich der Liebe hingeben

Es ist nicht leicht für uns, uns einer Sache hinzugeben, die stärker ist als wir selbst. Wir müssen gewissermaßen dazu gezwungen werden.

Wir müssen erkennen, dass wir es nicht mit der Strömung des Flusses aufnehmen können. Der Schmerz des Widerstandes geht über das hinaus, was wir ertragen können.

Es kommt ein Moment, da erkennen wir, dass wir keine Wahl haben. Wir müssen uns ergeben.

Wir glauben, dass wir uns die Menschen, die wir lieben, selbst aussuchen, aber das ist ein großer Irrtum. Die Menschen, die wir lieben, treten in unser Leben, weil sie unsere perfekten Spiegel sind.

Wenn wir sie aussuchen, wählen wir in einem Seelenreich, wo es keine Dualität gibt. Und hier auf der Erde müssen wir mit den Entscheidungen leben, die wir dort gemacht haben.

Wir müssen uns der angebotenen Lektion stellen. Wenn wir uns bei dem Versuch winden, der Lektion aus dem Weg zu gehen, dann kommt sie später mit mehr Dringlichkeit zurück.

Wir werden uns nicht vor der Wahrheit oder uns selbst verstecken können.

Siehst du, es ist völlig egal, wer unser Partner ist. Wenn wir einen Partner zurückweisen, weil er oder sie zu kompliziert für uns ist, dann bringt uns sein Nachfolger sehr wahrscheinlich noch mehr an unsere Grenzen.

Früher oder später wird uns das Leben einen Spiegel bringen, den wir nicht vermeiden oder zurückstoßen können.

Also müssen wir damit aufhören, so stur und engstirnig zu sein. Wir müssen die Lektion lernen, wenn sie sich auf dem Präsentierteller darbietet, anstatt an dem Spiegel einen Fehler zu bemängeln und uns von ihm abzuwenden.

Fortschritt auf dem spirituellen Pfad hat mit einer Aufweichung unserer rauen Kanten zu tun. Es bedeutet, Verantwortung zu übernehmen für unseren Ärger und unsere Angst und sie nicht auf jemand anderen zu projizieren.

Die Rüstung muss runter, oder sie bringt uns um.

Menschen haben versucht, mit ihrer Rüstung zu tanzen, aber das funktioniert nicht.

Es funktioniert nicht bei ihnen und bei keinem anderen.

Wir müssen die Stelle finden, an der wir verwundbar sind, und lernen, das zu akzeptieren und andere diese Verwundbarkeit sehen zu lassen.

Wir müssen uns in unsere Menschlichkeit hinein entspannen und unvollkommen sein, zerschlissen, unvollendet.

Wir müssen aufhören vorzugeben, unbesiegbar zu sein, wenn wir uns in einem totalen Durcheinander fühlen. Wir müssen uns selbst ein totales Durcheinander sein lassen. Wir müssen so sein, wie wir sind.

Da ist niemand, den wir beeindrucken müssen. Da ist niemand, dem wir eine Antwort schuldig sind oder von dem wir Anerkennung bräuchten.

Und wenn so jemand da ist, dann sollten wir keine Sekunde zögern, sie oder ihn zu enttäuschen.

Manchmal gibt es keinen Unterschied zwischen einer Rüstung und einem dreiteiligen Anzug. Wir können nicht immer nett aussehen.

Wir können uns nicht immer von unserer besten Seite zeigen, und noch viel weniger können wir das spielen oder vorgeben.

Es ist an der Zeit aufzuwachen und in den Spiegel zu blicken. Bevor wir zur Schminke greifen, müssen wir in die vom Schlafmangel müden Augen blicken, rot und gereizt von zu häufigem Weinen.

So ist es. Wir müssen aufhören, das verdecken zu wollen.

Es wird nicht immer so bleiben.

Heilung braucht Zeit. Den Schmerz zu spüren ist Teil der Heilung und des Lernens.

Drück den Schmerz weg, und er verschwindet unter der Oberfläche. Er wird chronisch.

Wir müssen für den Schmerz da sein und uns von ihm hin- und herbewegen lassen von dem Ort, wo der Schmerz beginnt, zu dem Ort, wo der Schmerz aufhört.

Alle emotionalen Zustände sind ein notwendiger Teil der Reise. Wenn wir den Mut haben, sie zu akzeptieren, dann können sie uns helfen, noch vollständiger in unsere Herzen zu gelangen.

Die Beerdigung

„Er ist mehr als nur ein Freund",
sagtest du zu mir
nach über einem Monat in unserer Beziehung,
„und nicht mit ihm zu schlafen
löst das Problem nicht."

„Du musst herausfinden,
worum es dir bei all dem geht,
bevor unsere Liebe eine Chance haben kann",
sagte ich mit Beklommenheit.

Aber es war eine grausame Entscheidung.
Es war nicht leicht rückgängig zu machen,
was getan worden war, um aufzuhören
in diesem Bewusstsein zu leben.

Das uns im selben zerbrechlichen
aber nahtlosen Körper festhält.
„Du klingst niedergeschlagen",
sagten meine Freunde,
und, gewissermaßen, hatten sie recht.

*Etwas in mir starb
und ich war allein gelassen, um den Körper
zu begraben.
Du spieltest nicht das Klavier
bei der Beerdigung. In der Tat, das ganze Ereignis
scheint an dir vorübergegangen zu sein.
Aber ich habe mit all dem meinen
Frieden gemacht.
Ich komme nun hierher von Zeit zu Zeit
um Blumen zu pflanzen und mich zu erinnern.*

Das Fundament schaffen

Am liebsten hätten wir ein perfektes Fundament unserer Liebe, aber das wird es nie geben. Kein Fundament ist jemals perfekt.

Als ich in unserem Vorgarten den Zaun errichtete, begann ich mit einem ziemlich klaren Plan. Ein Freund half mir, jeden Holzpfahl mit seiner Kettensäge auf die gewünschte Länge zurechtzuschneiden. Dann holte ich meine Schaufel und begann, die einen halben Meter tiefen Löcher für die Holzpfähle auszuheben. Beim ersten Loch tat ich mich schwer. Ich musste Steine herausholen und mir meinen Weg an Wurzeln vorbei bahnen, aber irgendwann erreichte ich die gewünschte Tiefe und stellte den ersten Pfahl hinein.

Beim zweiten Loch ging es viel schneller. Ich hatte mich weder mit Steinen noch mit Wurzeln herumzuplagen. Deshalb gab es beim ersten Teil des Zauns keine Probleme. Ich fühlte mich ziemlich ermutigt. Ich dachte mir: „Das wird schnell gehen, und heute werde ich noch in der Lage sein, ein paar andere Dinge zu erledigen."

Nun, das sollte nicht zutreffen. Das dritte Loch war unmöglich. 25 Zentimeter tief traf ich auf Wurzeln, die einen Durchmesser von zehn Zentimetern haben mussten. Es gab keine Möglichkeit, sie zu zerstampfen. Ich versuchte, den Graben nach vorne, nach hinten und zu den Seiten auszuweiten, aber überall traf ich auf die Wurzeln.

Schließlich wurde mir klar, dass ich den Pfahl kürzen musste. Das würde nicht einfach sein – alles was ich hatte, war eine Handsäge. Und ich machte mir Sorgen, dass der Pfahl nicht tief genug in der Erde stecken würde, um stabil zu sein. Aber es gab keine andere Möglichkeit.

Also begann ich, den Pfahl zu zersägen. Ich sägte am Pfahl herum, aber es gelang mir nicht, das Sägeblatt vollständig hindurchzubekommen.

Am Ende musste ich den Pfahl auf dem Bürgersteig zertrümmern, um ihn auseinanderzubekommen. Zum Glück splitterte er dabei nicht zu sehr, und ich versenkte ihn in dem Loch.

Es schien okay zu sein und ich dachte mir: „Nun, wenn ich nur bei diesem Loch herumtricksen muss, dann wird es schon gehen."

Aber die nächste Grube war genauso hart. Dreißig Zentimeter tief traf ich auf massive Wurzeln. Also musste ich wieder meine Handsäge rausholen und erneut sägen.

Zu diesem Zeitpunkt hatte ich die Einstellung stiller Resignation angenommen.

Das würde die einzige Möglichkeit sein, den Zaun aufzustellen. Hoffentlich würde er stark genug sein.

Zu meiner Überraschung und dankenswerterweise ging die letzte Grube ziemlich einfach und ich konnte den Pfahl einen halben Meter tief in der Erde versenken.

Als ich die letzten Zaunteile zusammensetzte, bemerkte ich, dass die drei Pfosten, auf die es am meisten ankam – der Pfosten im rechten Winkel und die beiden Endpfosten – einen halben Meter tief vergraben waren. Da, wo der Zaun stark sein musste, war er es. Und die mittleren Pfosten – da, wo ich herumgetrickst hatte – wurden unterstützt von der Stärke der beiden Pfosten am Ende.

Der Zaun sah schön aus und schien ziemlich robust.

Es war ein guter Zaun, aber wohl kaum ein perfekter. Wie in jedem Bauprojekt musste ich mit unvorhergesehenen Hindernissen umgehen und einen Weg finden, unter den vorhandenen Bedingungen zu arbeiten.

Du kannst den schönsten, ausgetüfteltsten Plan auf dem Papier haben, aber sobald du beginnst, ihn umzusetzen, tauchen neue Umstände auf, die du nicht berücksichtigt hattest.

Dinge sehen auf dem Papier immer besser aus als in Wirklichkeit. Ideen sind im Abstrakten vollkommen, aber in der praktischen Umsetzung sind sie unvollkommen.

So ist es nun einmal: Jedes Vorhaben verlangt von uns, unsere Pläne anzupassen, um mit der Realität in Einklang zu sein.

Beziehungen sind da nicht anders. Wir haben eine Vorstellung von der Art und Weise, wie wir sie gerne hätten. Aber sobald wir beginnen, mit einem neuen Menschen zu leben, tauchen neue Faktoren auf. Wenn wir schlau sind, ändern wir den Plan ab, anstatt ihn „auf Teufel komm raus" durchzusetzen.

Wir nehmen uns die Zeit herauszufinden, was jeder von uns benötigt und was die Beziehung benötigt. Wir nehmen wahr, wo jeder von uns wachsen muss, sich strecken, Kompromisse eingehen und sich anpassen, um erfolgreich mit der anderen Person zusammen zu sein, und wo wir einfach so angenommen werden müssen, wie wir sind.

Wir sehen, wie wir füreinander unvollkommene Partner sind.

Wir bemerken, dass es Bedürfnisse der anderen Person gibt, die wir jetzt nicht erfüllen können, vielleicht niemals.

Aber wir verlieren nicht aus dem Blick, wo unser gemeinsames Fundament stark ist. Wir sehen, wo unsere Liebe füreinander leidenschaftlich und beherzt ist. Wir sehen, an welchen Stellen wir in gemeinsamer Freude und Glückseligkeit völlig aufgehen.

Wir sehen unsere Beziehung als eine voranschreitende Arbeit. Da gibt es Zeiten, in denen wir uns wundern, wie wir überhaupt zusammenbleiben können. Und da gibt es Zeiten, in denen wir uns fragen, wie wir es jemals ohne die Gegenwart der anderen Person in unserem Leben aushalten konnten.

Das ist der Tanz.

Es ist kein vollkommener Tanz. Das abstrakte Konzept unserer Beziehung sieht immer besser aus als die praktische, alltägliche Wirklichkeit.

In unserem Ideal von Beziehung verletzen wir die andere Person nicht und er oder sie verletzt uns nicht. Wir sind immer verständnisvoll und unterstützend, und genauso ist unser Partner.

In unserem Ideal reiben wir uns nicht aneinander auf. Wir fahren unseren Partner nicht an, als sei er ein Feind, noch ziehen wir uns zurück in eine uns vermeintlich schützende Hülle der Leugnung und Vermeidung.

In unserem Ideal bewerten wir unseren Partner nicht oder kritisieren ihn, noch tut dies unser Partner mit uns. In unserem Ideal beschuldigen wir uns nicht gegenseitig und bestrafen uns auch nicht für unsere Fehler. Wir wollen einander nicht bessern, erlösen oder ändern.

In unserem Ideal schließen sich unsere Bedürfnisse nicht gegenseitig aus. Wir haben keine Angst, dass wir uns aufgeben, wenn wir mit unserem Partner zusammen sind.

Aber in Wirklichkeit passiert all das. Wir haben es mit Ärger zu tun, mit Konflikt, Angst, Scham, Selbstbetrug: nenn es, wie du willst. All das, was wir in unserer Beziehung vermeiden wollen, begegnet uns in ihr.

Das ist die Natur des Tanzes. Erinnere dich, der weiße Ritter trägt eine vollständige Rüstung. Und in dieser Rüstung sind alle Ängste vor Intimität versteckt: all seine geheimen Themen von Verlassensein und Betrug.

Das gilt nicht nur für einen Ritter oder eine Maid. Es gilt für uns alle.

Wir tanzen nicht nur mit der strahlenden, fröhlichen, überschäumenden, vertrauensvollen Seite unserer Gefährten, sondern auch mit seinen dunklen, verängstigten, traurigen, ärgerlichen und defensiven Seiten.

Wenn wir nicht bereit sind, auch mit der dunklen Seite zu tanzen, kann das Fundament nie entstehen. Wir erfahren nie die Fülle der Liebe, die zu geben und zu empfangen wir imstande wären.

Bis wir unseren Partner nicht annehmen als den, mit dem zu tanzen wir uns entschlossen haben – bis wir nicht aufhören, wild um uns zu schlagen und wegzulaufen –, werden wir nicht wirklich wissen, worum es im Tanz der Intimität eigentlich geht.

Es ist kein Tanz der idealen Gefühle, sondern der Sehnsüchte und Ängste. Es ist eine sich entwickelnde Choreografie, in der Vertrauen langsam entsteht und Hingabe allmählich verdient wird.

Romantik stößt vielleicht die Tür für die Liebe auf, aber beim Durchschreiten hilft sie uns nicht. Es braucht etwas anderes. Etwas Tieferes. Etwas viel Geduldigeres. Etwas weitaus Wirklicheres.

Das Fundament unserer Liebe ist nicht perfekt und wird es auch nie sein. Es ist hier und da geflickt, verfälscht, schlampig gebaut.

Wir wundern uns manchmal, wie all das zusammenhält. Aber das tut es. Das tut es, weil wir es so wollen, weil wir jeden Tag bereit sind, das in Angriff zu nehmen, was die Beziehung von uns einfordert, auch wenn wir es manchmal um uns tretend und schreiend erledigen. Das tut es, weil wir nicht aufhören zu tanzen, egal, was auch passiert. Wir hören nicht auf, Liebe zu finden, sogar wenn wir uns unbeholfen und traurig durch den Schmerz bewegen. Das tut es, weil wir wissen und darauf vertrauen, dass unser Partner für uns da sein wird, egal was auch passiert.

Das ist nichts, was wir von Anfang an wissen. Das ist nichts, was wir vorab versprechen können. Es ist etwas, das in seiner eigenen Geschwindigkeit passiert. Es ist die Frucht der Reise, nicht ihr Samen. Um

Früchte hervorzubringen, muss der Samen gepflanzt und bewässert werden.

Schwierige, herausfordernde Zeiten müssen durchstanden werden. Liebe muss über Bedürftigkeit und Eigeninteressen hinausgehend gestärkt werden. Sie muss tausend Tode sterben, um zu lernen, sich wie ein Phönix über Probleme jeglicher Art zu erheben.

Sie muss töricht sein, falsch, unvernünftig, stur, dämlich, egoistisch, sogar grausam, sodass sie die Tiefe ihrer Fehler sehen und daraus lernen kann.

Liebe ist keine zerbrechliche, durchscheinende Sache, die es vom Schmerz und Elend des Lebens fernzuhalten gilt. Sie wird geboren aus unserer Bereitschaft, aus unseren Fehlern zu lernen.

Sie ist ein zerklüfteter Felsbrocken, der in einen rauschenden Strom geworfen wird, wo er geschliffen und gestreichelt wird, gedrückt und geschoben vom Strom, bis seine Kanten rund und nachgiebig sind.

Wenn du diesen runden und schimmernden Stein aus dem Strom nimmst, dann vergiss nicht, was ihn in seiner Hingabe so vollständig hat werden lassen.

Es gibt niemanden, der das Lieben lernt, ohne auf die Tiefe seines Schmerzes und die seines Partners zu stoßen.

So ist es nun mal.

Mit der Zeit lernen wir, dass aller Schmerz der gleiche Schmerz ist. Und wir haben Mitgefühl für unsere Partner und für all die anderen Menschen, die im gegenwärtigen Augenblick leiden.

Mit der Zeit lernen wir, unser Fundament so stark zu schaffen, wie es nur eben geht, und es zu feiern: zu wissen, dass es gut genug ist, wie zerklüftet es auch immer scheinen mag; zu wissen, dass die Steine, die wir hier aufeinandergestapelt haben, aus dem Fluss selbst stammen, und sie haben die Stärke und Würde ihrer Reise, genauso wie wir selbst.

Ich bleibe in einer Gewissheit

Es gibt keine Art, Liebe zu machen,
die auszudrücken vermag
wie intensiv ich dich liebe.

Probiere es selbst,
ich weiß, diese Hände
können dich nicht berühren.

Wo du berührt zu werden brauchst:
jenseits von Verlangen,
jenseits von Freude,
jenseits vom Orgasmus.

Doch ich bleibe in einer Gewissheit,
dass ich dich dort halte
in dieser ungebrochenen Umarmung,

tiefer als Körper sein können
und jenseits aller Zeit
sollen diese Hände dich daran erinnern

wie innig du geliebt wirst.

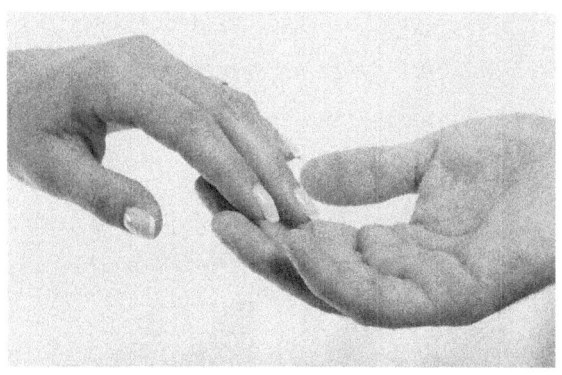

In Venedig, über dem Kanal

Ich weiß nicht mehr, wer ich bin.

Ich habe mich selbst in deinen Augen verloren.
Ich bin gesunken wie ein Tiefseetaucher,
hinein in den Duft deines Körpers,
der neben mir liegt.

Ich habe meine Hände verloren
an die Sehnen deines Rückens,
meine Lippen an deinen Bauch,
und meine Zunge an den schwarzen Hügel,
den ich besteige, wenn du deinen Rücken wölbst
und dein Gewicht sinkt,
das Gesäß zuerst,
in meine offenen Handflächen.

Erotik, so nennst du es,
aber ich nenne es eine Flutwelle
und schwimme weiter bis ich anlege
irgendwo unterhalb deiner Wimpern,
oder mit zerfledderten Segeln
in den dunklen Tunnel
deines linken Ohres einlaufe.

Es gab eine Zeit
da dachte ich, es wäre so.
Aber diese Zeit ist so weit weg,
scheint wie ein anderes Leben:

Auf dich warten am Schulzaun,
dir nach Hause folgen,
nachts in dein Zimmer schleichen,
und in der Dämmerung nach Hause rudern,
durch wässrige Straßen.

Das Reaktionsvermögen

„Warum haben wir das nicht getan?", hast du gefragt, als ich über das reine Zuhören gesprochen habe; das Zuhören, ohne den anderen in Ordnung bringen zu wollen, einfach nur zuhören, damit wir uns ein Bild vom Gefühl des anderen machen können. Und das Teilen auf eine Art und Weise, die die Schuld für das eigene Gefühl nicht auf den anderen abwälzt.

„Ich glaube nicht, dass wir damit anfangen können, wenn die Wut da ist", sagte ich dir. „Ich glaube, dass wir uns erst mal beruhigen müssen. Andernfalls können wir uns für die andere Person nicht öffnen, genauso wenig wie wir auf eine nicht anschuldigende Weise kommunizieren können... aber du möchtest dem immer sofort nachgeben, obwohl du aufgeregt bist."

„Mir fällt es schwer, wenn du gehst."

„Ja, das sehe ich jetzt. Ich habe wohl gehofft, dass du sehen würdest, dass ich immer zurückkomme."

„Du kommst zurück und hast dich irgendwie wieder mit dir selbst verbunden und bist wieder eingetaucht in unsere Liebe, aber ich kann sie nicht erwidern, weil ich immer noch all diese Wut zurückhalte."

„Ich weiß. Das kann ich fühlen. Aber ich möchte nicht einfach hier stehen und mich von dir herunterputzen lassen. Es ist beängstigend für mich, da zu stehen, wenn du wütend auf mich bist."

„Das ist der Punkt, wo alles zusammenbricht. Wir haben beide ein Problem, mit der Wut des anderen umzugehen. Für uns beide fühlt es sich nicht geborgen an, aufeinander wütend zu sein."

„Ja, ich weiß, dass du recht hast. Ich fühle mich nicht gut, wenn du wütend auf mich wirst oder an mir herumkritisierst. Dann baue ich meine Selbstschutzmauer um mich herum auf. Ich krabbele in mein Schneckenhaus. Und wenn deine Wut besonders rasend ist, dann muss ich einfach Abstand nehmen. Ich muss dich verlassen."

„Und ich habe Angst, in deiner Nähe wütend zu sein. Ich habe Angst, dir zu sagen, was ich denke, weil du reagieren und davonlaufen könntest. Du reagierst so sensibel auf irgendwelche negativen Gedanken oder Gefühle, die ich habe. Du greifst sie sofort auf. Du fragst mich, ob bei mir alles okay ist, aber ich habe Angst, dir zu sagen, was los ist mit mir. Und wenn ich es dir nicht sage, dann baut sich etwas auf, und irgendwann explodiert es."

„Ich weiß, dass du es gerne hättest, wenn ich es einfach an deiner Seite aushalten könnte, wenn du dich unglücklich fühlst oder nicht im Reinen mit mir bist. Aber das fällt mir schwer. Deshalb bitte ich dich, mir anzuvertrauen, wie es dir geht, ohne mich zu beschuldigen. Das macht es möglich für mich, deine Erfahrung zu verstehen und zu akzeptieren. Das kann ich nicht, wenn ich mich angegriffen fühle."

„Gut, das verstehe ich. Aber ich finde nicht immer die richtigen Worte, wenn ich enttäuscht bin. Ich möchte einfach aussprechen können, was mir in den Sinn kommt. Und diese Worte sind nicht immer höflich."

„Nein, das sind häufig Speerspitzen."

„Siehst du denn nicht... du kannst meine Worte nicht annehmen, weil sie wie Speerspitzen sind, und deshalb kann ich mich mit dir nicht verständigen, wenn ich es am nötigsten hätte."

„Ich finde nicht, dass wir versuchen sollten, uns zu verständigen, wenn wir wütend aufeinander sind. Dann sagen wir Dinge, die wir so nicht meinen, und verletzen einander."

„Aber Liebste, wenn du gehst, sobald ich wütend bin, dann bin ich mir deiner nicht gewiss."

„Würde es dir besser gehen, wenn ich bliebe und mich verteidigen würde?"

„Nun, das wäre immer noch hart, aber nicht ganz so schlimm, weil ich spüren würde, dass du in Kontakt mit mir gehen möchtest. Ich fühle mich unterstützter, auch wenn es für keinen von uns beiden einfach ist."

„Also musst du deiner Wut auf mich Ausdruck verleihen, ganz egal, sogar wenn du mich anschuldigst?"

„Ja, ich glaube schon. Und ich muss wissen, dass ich das tun kann und du mich nicht verlassen wirst. Ich muss wissen, dass du meinem Ärger standhalten kannst."

„Das sehe ich. Und ich kann sehen, dass das wirklich hart für mich ist."

„Das weiß ich. Aber ich weiß auch, dass wir in unserer Beziehung genug Sicherheit brauchen, um unserer Wut Ausdruck verleihen zu können und zu wissen, dass unsere Beziehung das aushalten kann.

Also bin nicht nur ich es, der seine Wut ausdrücken muss. Du musst auch in der Lage sein, deine Wut an mir auszulassen."

„Ich vermute, das stimmt. Seine Wut rauszulassen fühlt sich für mich nicht besonders gut an, besonders wenn sie sich mit Kritik und Anschuldigung mischt, was in 99 Prozent der Fall zu sein scheint. Außerdem glaube ich, dass die Wut zu der Person gehört, die wütend ist. Ich finde nicht, dass es in meiner Verantwortung steht, deine Wut zu schlucken, oder dass du verantwortlich für meine Wut bist."

„Vielleicht nicht. In einer idealen Situation würde jeder seine Wut bei sich behalten und sich den Schmerz und die Frustration dahinter anschauen. Das hättest du gerne, stimmt's?"

„Ja."

„Aber das Leben ist nicht immer so. Wenn wir wütend werden, dann projizieren wir und beschuldigen. Das ist die Wirklichkeit. Sollten wir das einfach stoppen?"

„Ja, ich finde, wir sollten dann einfach aufhören, durchatmen und uns zurückziehen, dann zurückkommen und reden, wenn wir unsere Wut bei uns behalten können, ohne aus der anderen Person eine Zielscheibe zu machen."

„Nun, das würde ich gern für dich tun. Aber für mich ist das nicht natürlich. Ich möchte bei dem bleiben, was gerade passiert. Ich will nicht aufhören. Ich will rauslassen, was mich nervt. Ich will das alles auf den Tisch bringen und es mir mit dir anschauen, aber du scheinst das bedrohlich zu finden."

„Ja, das stimmt wahrscheinlich. Ich schätze, dass ich uns nicht zutraue, darauf zu schauen, ohne dass wir uns eine Menge destruktiver Sachen an den Kopf werfen, die wir nachher bereuen."

„Du glaubst, dass die Wut vernichtend ist, dass sie nicht unter Kontrolle gehalten oder bearbeitet werden kann?"

„Ja, das glaube ich. Aber ich glaube, das gilt nicht nur für mich. Bei dir ist es genauso. Wir beide haben ein Problem damit, die Wut auszuhalten. Du willst sie rauslassen. Ich will sie mir vom Leibe halten. Ich glaube, dass sind zwei Seiten derselben Medaille."

„Vielleicht... was schlägst du also vor?"

„Nun, ich denke, dass ich da länger am Ball bleiben und gucken muss, ob ich mit dir daran arbeiten kann, wenn die Wut da ist. Und wenn ich das nicht kann, muss ich dich um eine Pause bitten und hoffen, dass wir uns ein, zwei Stunden nehmen können, um in uns zu gehen und unsere eigenen Gefühle wieder in den Griff zu bekommen. Dann können wir wieder zurückkommen und einen rituellen Raum schaffen, in dem jeder in einer aufrichtigen, nicht anschuldigenden Weise reden kann, während der andere zuhört, ohne zu unterbrechen, damit wir uns wirklich begegnen können.

Was denkst du?"

„Ich denke, das wäre gut. Ich denke, wir sollten es probieren. Vielleicht können wir sogar versuchen, zusammen in Stille zu atmen, wenn die Wut da ist, um zu sehen, ob wir uns dann beide beruhigen. Würdest du das ausprobieren?"

„Ja, das würde ich gerne ausprobieren."

Das ist das Gespräch, das wir vielleicht gehabt hätten, wenn genug Vertrauen da gewesen wäre, den Türknauf zu drehen. Stattdessen haben wir uns vor die Tür gestellt und uns entschlossen, zurückzuweichen, weil sie sich nicht öffnete.
Die Tür ist nicht verschlossen. Sie ist einfach noch nicht geöffnet. Und sie wird sich nicht von selbst öffnen. Wir sind diejenigen, die sie öffnen müssen.

Dies ist nicht verhandelbar

Nachdem ich zwei Stunden gefahren bin,
komme ich an, um das Haus leer vorzufinden.
Ein Zettel lässt mich wissen, du vergaßest,
dass du einen Termin hattest:
„Mach's dir gemütlich.
Bis um 22.30 Uhr."

Ich gehe in das Schlafzimmer
und stelle meinen Koffer
auf der geschnitzten Truhe aus Haiti ab.
Mein Ego sagt: „Du solltest gehen.
Du hättest ihr das nicht angetan.
Sie verdient dich nicht."

Es geht weiter und weiter.
Ich gehe ums Haus,
bemitleide mich,
versuche zu entscheiden,
ob ich gehen oder bleiben soll.

„Ich bin traurig", sage ich zu deinem Papagei,
aber er starrt mich nur an.
Es ist nicht das erste Mal,

dass ich gedacht habe,
dass ich nicht an erster Stelle stehe
in deinem Leben.

Plötzlich geht die Tür auf.
Deine Tochter rennt herein.
„Ich habe meinen Schlüssel verloren", sagt sie.
Fröhlich kommst du die Treppen herauf
und schenkst mir eine beherzte Umarmung.
„Ich bin nur zurückgekommen,
um dich zu küssen",
sagst du.

Es stimmt nicht, aber es hilft mir trotzdem,
mich besser zu fühlen.
Ich schaue in deine Augen
und kann sehen, dass du
überhaupt keine Schuld empfindest.

Du hängst von mir ab, um zu verstehen.
Da ist kein Platz in dieser Beziehung
um meinen Ängsten Halt zu geben.

„Tschüss, Liebling", sagst du,
während du die Treppen heruntereilst.
„Wir sehen uns in ein paar Stunden."

*„Nun", denke ich, „jetzt
werde ich wohl bleiben müssen."*

*Ich setze mich hin und gieße mir
ein Glas Wein ein,
fühle mich nicht länger zurückgesetzt.*

*Ich bin es nicht gewohnt,
So leidenschaftlich geliebt zu werden,
ohne jeden Hinweis auf Sentimentalitäten,
ohne jeden Respekt
dafür, wie ich empfinde.*

Dem Schatten begegnen

Letzte Nacht stellte ich fest, wie wichtig es dir ist, mir manche der Dinge über mich zu erzählen, mit denen du Schwierigkeiten hast. Auch wenn ich viele deiner Wahrnehmungen nicht nachvollziehen konnte, konnte ich fühlen, dass es dir besser geht, wenn du sie in Worten ausdrücken kannst.

In der Vergangenheit hätte ich mich geweigert, dir zuzuhören, weil es mich verurteilte. Ich hätte dich darum gebeten, Verantwortung für deine Bewertungen zu übernehmen und deine Ängste nicht auf mich zu projizieren.

Aber ich verstehe nun, dass so eine Haltung meinerseits dich abgewertet und dir das Gefühl gegeben hat, dass du deine Gedanken und Gefühle mit mir nicht teilen kannst. Wenn ich darauf bestand, dass du Verantwortung für deine Ängste und Bewertungen übernimmst, machte ich nur weiter damit, dich ruhigzustellen.

Das half keinem von uns beiden weiter.

Ich erkenne, dass ich mit Kritik Schwierigkeiten habe. Ich habe Antennen, die jeden Hauch einer Kritik über Meilen hinweg einfangen. Ich höre sogar den winzigsten Anflug einer Verurteilung heraus. Ich merke, wenn jemand mich zur Zielscheibe seiner eigenen ungelösten Wut und Selbstverurteilung macht. Ich merke, wenn Grenzen verletzt werden, und ich weise schnell darauf hin, wer auch immer sie verletzen mag.

Ich will, dass du Verantwortung für deine Wut und für deinen Schmerz übernimmst. Ich will, dass du dir anschaust, warum etwas, das ich sage oder tue, dich frustriert und wütend macht oder dich unbehaglich fühlen lässt.

Aber du willst dir nicht anschauen, was das mit dir zu tun hat. Du hast es auf mich abgesehen.

Und das macht mir Angst. Also sage ich dir: „Nur wenn du Verantwortung für deine Wut übernimmst, kann ich sie mir anhören. Wenn du mich zur Zielscheibe deiner Wut machst, dann werde ich nicht bleiben und zuhören."

Es ist noch nie vorgekommen, dass du nicht versucht hättest, mich für deine Emotionen zu missbrauchen. Du nimmst dich einfach nicht deiner eigenen Angst und deiner eigenen Wut an.

Das mag die Voraussetzungen schaffen, unter denen Missbrauch geschehen kann, aber zum Missbrauch wird es erst, wenn ich darauf eingehe.

Ich muss mit deinen Bewertungen nicht einverstanden sein. Ich kann sie bei dir belassen. Ich kann mir sagen, dass sie zu dir gehören, nicht zu mir, und dir zuhören, was auch immer du zu sagen hast.

Aber das ist nicht das, was ich tue. Sobald ich den Bewertungszug heranrattern höre, hole ich meine Ölkanister heraus und stelle sie auf den Schienen ab.

„Übertritt diese Linie nicht, oder ich werd's dir geben", sage ich.

Ich warne dich hinreichend, denke ich zumindest. Ich denke, du hast ausreichend Zeit, den Zug anzuhalten. Aber der Zug hält nicht an.

Du rast immer weiter auf mich zu. Es ist egal, dass ich dir sage: „Bis hierhin und nicht weiter". Wenn du erst mal Fahrt aufgenommen hast, wirst du nicht mehr anhalten. Dass ich dich bitte anzuhalten, macht dich sogar noch wütender.

Du hast nicht das Gefühl, dass ich bereit wäre, dir zuzuhören, und du bist wild entschlossen, mich „dich hören zu lassen". Du kannst meine Grenzen nicht wertschätzen, weil du merkst, dass meine Grenzen dich davon abhalten, du selbst zu sein.

Also kommst du näher heran. Und ich sage weiter: „Nicht so schnell, halt an, oder ich geb's dir."

Und wenn du das nicht tust, feuere ich zurück. Stimmt, ich fühle mich völlig im Recht, wenn ich mich verteidige.

Und dann sehe ich, was mit dir geschieht. Ich sehe diesen Zug, wie er anfängt zu stottern und zu taumeln und zu bersten und wie er schließlich entgleist. Ich sehe, wie all diese Wut über das Bedürfnis, gesehen zu werden, in sich zusammenfällt und sich nach innen wendet.

„Deine Wut liegt nicht in meiner Verantwortung", sage ich dir. Und ich habe recht. Aber das tut nichts zur Sache.

Du wirst nicht noch einmal zurückkommen. Du fühlst dich besiegt, verachtet, betrogen und verlassen.

Du wirst es nicht ein weiteres Mal probieren, diesmal etwas bewusster, bei deiner Wut und deinen Bewertungen bleibend. Du wirst mir nicht in einer vorwurfsfreien Art von deinen Ängsten erzählen.

Du bist fertig. Du wirst diese Schienen kein weiteres Mal mehr benutzen. „Ich kann nicht mit jemandem in einer Beziehung sein, der mir nicht erlaubt, mich selbst auszudrücken", sagst du.

Du kommst niemals auf die Idee, das Tempo des Zuges zu drosseln. Mir kommt es nicht in den Sinn, dass ich von den Gleisen gehen und den Zug ins Leere fahren lassen kann.

Du kannst verantwortlich sein für deine Gedanken und Gefühle, sie aber immer noch mit mir teilen. Ich kann dich deine Gedanken und Gefühle haben lassen, ohne ihnen zustimmen oder mich vor ihnen verteidigen zu müssen.

Es gibt Wege, einen Zusammenprall zu vermeiden. Warum sind wir nicht in der Lage, sie zu finden?

Wir glauben, dass wir uns gegen andere Personen stellen müssen, um zu uns selbst stehen zu können.

Das stimmt nicht, aber wir scheinen es zu glauben.

Wir wissen nicht, wie wir Freunde bleiben, wenn Wut oder Verletzungen auftauchen. Wenn diese Emotionen in uns ausgelöst werden, sehen wir einen Feind, keinen Freund. Wir vergessen, dass wir demselben Team angehören. Wir vergessen, dass wir beide dieselbe Sache voneinander wollen.

Ich vergesse, dass ich bereit sein muss, dir die Attacken auf mich zu verzeihen, wenn ich deine Liebe annehmen möchte. Weil deine Liebe nicht vollkommen ist.

Du kannst mich nicht immer so lieben, wie ich es gerne hätte. Du kannst nicht immer meine Grenzen achten. Du kannst nicht immer Verantwortung übernehmen für deine Wut und deine Bewertungen.

Ich muss dir vergeben, dass du versuchst, mir deinen Schmerz, deine Angst und deine Wut zu übertragen.

Wenn ich das nicht tun kann, dann kann ich deine Liebe nicht annehmen. Und ich weiß, dass du mich liebst, auch wenn du es manchmal unvollkommen, stümperhaft und unbeholfen tust.

Dasselbe gilt für mich. Ich kann dich nicht immer in der Art und Weise lieben, wie du es gerne hättest. Manchmal verwechsele ich dein Bedürfnis, deine Gefühle mit mir zu teilen, mit Kritik an mir und ich verdamme dich. Ich brauche dafür deine Vergebung.

Auch meine Liebe ist unbeholfen und unvollkommen.

Mein und dein inneres Kind haben so viel Angst vor Kritik. Sie haben so viel Angst davor, dass sie nicht gut genug sein könnten. Sie verstehen nicht, dass sie okay sind, so wie sie sind.

Dein Kind muss nicht wütend werden, um gehört zu werden. Mein Kind muss die Wut nicht vermeiden, um sich irgendwo festhalten zu können.

Wir haben eine Menge gemeinsam zu lernen. Wir haben erst angefangen, das Terrain, auf dem wir uns begegnen können, zu begreifen.

„Manchmal habe ich das Gefühl, dass wir in unterschiedlichen Frequenzen schwingen", sagst du.

„Glaube ich nicht", sage ich. „Wenn wir in unterschiedlichen Frequenzen schwingen würden, dann wäre dieser Zug nie mit den Kanistern zusammengestoßen... wir haben dieselben Lektionen, dieselben Wunden. Die Frage ist: Sind wir bereit, zusammen zu lernen und zu heilen?"

„Das weiß ich nicht", sagst du. „Ich habe Angst, dass dasselbe noch mal geschieht. Ich habe Angst, dass wir dazu nicht in der Lage sein werden und dass ich noch mal gehen muss... Ich will dich nicht durch diesen Schmerz mitschleifen."

„Ich weiß", sage ich. „Davor habe ich auch Angst."

Eine Jungfräuliche

Teile deines Rocksaums
sind am Himmel verstreut:
Lavendel im sanften grauen Licht.

Die Dämmerung liegt in der Luft:
Sanfte Pastelltöne von Lachs und Rosé,
müde Flügel, die dem Dunkel nachgeben.

Dein Kommen ist noch ungewisser
als das Dunkel, das dem Tagesende folgt,
oder das Licht, das der Nacht folgt.

Deine Doppelbödigkeit erfordert
sich widersprechende Ergebnisse,
die zur selben Zeit erscheinen.

Die Erde wackelt in ihren Grundfesten,
unsicher, ob sie gebären soll:
die Nacht oder den Tag, Licht oder Schatten.

Ich kenne das Schema, das du benutzt:
Wenn du nicht gebraucht wirst, wirst du kommen.
Andernfalls bleibst du zurück.

Obwohl du mehr willst
als gelegentliche Begegnungen,
hast du Angst, in der Falle zu sitzen.

Vom Sog der Liebe
in eine Umlaufbahn
um einen größeren Stern katapultiert.

Ich beschuldige dich nicht für das Zurückbleiben.
Den leeren Raum bewachend
neben mir,

lasse ich dich ein weiteres Mal frei,
sehe deine Fußspuren verblassen,
während du die Hügel im Osten erklimmst,

wo sich das Licht rot wie Blut
in die riesige
Wolkendecke ergießt.

Gesang eines Liebenden

*Ich bin das Licht,
das du suchst,
winde mich wie eine Weinrebe
um jeden dunklen Winkel
deines Lebens.*

*Ich bin das Wasser,
das deinen Durst stillt,
die Arme, die dich umarmen,
wenn du dich allein fühlst
und vernachlässigt.*

*Ich bin die Liebe, nach der du hungerst,
die Trauben,
zerdrückt unter dem Fuß.
Ich bin der Wein
gekeltert aus deinem Schmerz.*

*Ich bin die Lippen,
die deine Tränen küssen
und das Gewicht ertragen,
von der Faust,
die deine Zähne zermalmt.*

*Ich bin die Stille,
hervorgegangen aus deinen Schreien
der Verletzung.*

*Ich bin derjenige, der versuchte,
dich durch seine Angst hindurch zu lieben,
aber es nicht vermochte.
Und ich bin derjenige,
der deine Füße wäscht
und um Verzeihung bittet.*

*Ich bin das Licht, das du suchst,
in der blutbefleckten Finsternis
und die Liebe
nach der du töricht
hungerst.*

*Ich bin derjenige,
der dein Herz gebrochen hat
in tausend Stücke,
und derjenige, der Balsam bringt
für die Wunde.*

Ich bin der Sohn,
der gestillt wurde an deiner Brust,
und die Mutter,
die brennendes Öl
auf deinen erhobenen Arm gegossen hat.

Ich habe gelitten und gebüßt,
für jede deiner Sünden.
Ich habe geblutet und bin genesen
von jeder deiner Wunden.

Obwohl du nach mir geschaut hast,
in den vorübergehenden Augen
von Fremden,
bin ich nie
von deiner Seite gewichen.

Obwohl du nackt und verletzt durch deine Träume
gelaufen bist,
habe ich dich
in den Mantel der Liebe gehüllt:
Allezeit.

Rückkehr des Wagens

*In der Gegenwart zu sein ist an und für sich
das Fahrzeug.*

*Wirst du mit mir fahren,
um dich nicht zurückzuwenden, sondern zu lieben
ohne Bedenken
deiner oder meiner Schmerzen,*

*zu tanzen mit dem traurigen Wind,
am Nullpunkt,
all die Plätze in unseren Herzen betrauernd,
die Entbehrten und die nicht Entbehrten?
Wirst du in meine Augen schauen,
egal, was auch passiert?*

*Du, Mutter der Intuition
und hoffnungsloser Sterne,
deren Schmerz ich kenne
jenseits der Grenzen von Raum und Zeit,*

*du, um die ich warb
während der dunkle Himmel der Jugend*

gezogen wurde zu des Todes
gewohntem Altar,

du, mit der ich arbeite
weit in die Nacht hinein,
bis der Tag sich rot und violett
ins Licht schleudert,

du, die Vorbotin, der Beweis,
die Abrechnung,
diejenige, die vom Lichte wispert,
am Rande der Nacht?

Ich habe mich in deine Sonnensegel gehüllt
Nimm dich in Acht vor dem Tosen des Windes.

Das gerissene Gewebe flicken

Manchmal denke ich, dass es diesmal um das Reparieren des beschädigten Gefäßes geht. Wir sind unsere Verbindung schnell und abrupt eingegangen, ohne uns wirklich zu kennen. Wir haben alles aufgestellt, bevor wir so weit waren. Ich wusste nicht, mit wem ich es zu tun haben würde, genauso wenig wie du.

Nun wissen wir es. Nun wissen wir, was das Zusammenleben uns abverlangt, und wir erkennen, wir werden dafür arbeiten müssen. Vielleicht müssen wir uns die Zeit nehmen, wirklich zu lernen, wie man kommuniziert. Vielleicht müssen wir lernen, manches, das wir nicht ändern können, bei dem anderen zu akzeptieren.

Vielleicht brauchen wir Intimität in den Bereichen, in denen wir uns nicht einig sind, in denen wir uns nicht verbinden. Vielleicht müssen wir Mitgefühl mitten in unseren Bewertungen entdecken, unseren Ängsten, und unseren durchkreuzten Erwartungen.

Es ist nicht einfach, eine unvollkommene Person zu lieben, eine Person, die unsere Liebe erwidert, ohne all unsere Bedürfnisse stillen zu können.

Wir müssen unsere Ideen aufgeben, wie Liebe zu sein hätte. Liebe ist niemals so.

Sie ist das, was sich genau in diesem Moment zwischen uns entfaltet. Sie ist die Art und Weise, wie wir durch unseren Schmerz hindurch in Berührung bleiben. Es ist die Art und Weise, in der wir uns auf der anderen Seite unserer Angst wiederfinden.

Es ist nicht sehr romantisch, aber es kündet von Authentizität.

Wir haben es erschaffen.

Es ist vielleicht keine Überraschung, dass du dich nicht in die Rhythmen meines Lebens fügen konntest. Ich bin mir sicher, dass ich mich auch nicht in deine Rhythmen fügen konnte.

Wir blicken hier auf etwas anderes: gemeinsam einen Rhythmus erschaffen. Das ist es, was wir tun, wenn wir gemeinsam losgehen. Ich passe meinen Schritt an und du passt deinen Schritt an. Hand in Hand zu gehen ist anders, als alleine zu gehen.

Es ist eine völlig andere Disziplin.

Wir sind beide daran gewöhnt, alleine zu gehen. Wir sind beide gut darin, unseren eigenen Weg zu haben, in unserem eigenen Takt zu gehen.

Aber wir haben nicht gelernt, Hand in Hand zu gehen, Schritt für Schritt, miteinander. Viele Menschen haben das nicht.

Um würdevoll zu gehen, müssen beide Menschen sich anpassen, nicht nur einmal, sondern unzählige Male. Der Tanz erfordert hunderte von winzigen Drehungen in den Gedanken und Gefühlen. Er erfordert ständige Aufmerksamkeit für Spannungen und Schwierigkeiten, damit Korrekturen vorgenommen werden können.

Es bedeutet, auf sich selbst aufzupassen und auf den Partner aufzupassen. Es bedeutet, beides gleich gut zu tun, nicht das eine besser als das andere.

Du verstehst das. Ich weiß, dass du es verstehst.

Aber es ist leicht aus dem Blick zu verlieren. Es ist leicht zu denken: „Lieber würde ich alleine gehen", wenn eine Anpassung bevorsteht. Es ist leicht auszuscheren, die Beziehung einem abstrakten Ideal zu opfern, das niemals realisiert werden wird. Aber da ist überhaupt nichts Abstraktes daran, mit einer anderen Person zu leben.

Das innere Kind versteht das. Das Kind spürt die Gezeiten der Emotionen, wie sie kommen und gehen. Es ist geprägt von den Anspielungen des Windes und der salzigen Brise. Es lebt innerhalb der Fußspuren am Strand, bis das Meer sie überdeckt. Es versteht keine Abstraktion. Es geht ihm nicht gut, wenn eine Beziehung einem mentalen Konzept zum Opfer fällt.

Das Kind will einfach nur geliebt werden. Und es wird wieder und wieder gekreuzigt, wenn der Verstand feststellt, dass er nicht imstande ist, diese oder jene Person zu lieben.

Wir müssen achtgeben auf dieses Kind. Wir müssen ihm eine Stätte bauen, wo es sicher leben kann.

Wir können das nicht mit unserem Verstand tun, obwohl wir unseren Verstand benutzen müssen, um die Tragweite dessen zu erkennen, was getan werden muss.

Der Verstand muss begreifen, dass die Vereinigung von ihm erfordert, sich über seine gewöhnlichen Grenzen hinweg auszudehnen. Vereinigung verlangt von ihm, über „mein" oder „dein" in einen vagen, kaum verstandenen und fast mystischen Platz, der sich „wir" nennt, hinauszuwachsen. Diese Zusammenkunft von mentalen und emotionalen Landschaften nimmt ihren Lauf durch die beidseitige Aufgabe von Gedanken und Gefühlen einer Getrenntheit in deinem und meinem Herzen.

Es ist die Geburt eines neuen Bewusstseins. Und das kann nicht geboren werden, solange wir uns an getrennte Programme halten.

Zu glauben, dass das einfach ist, bedeutet, unsere Angst völlig zu missachten. Wir fürchten uns davor, unsere Getrenntheit loszulassen. Wir fürchten uns davor, uns in der anderen Person zu verlieren, fürchten uns, nicht gesehen oder anerkannt zu werden, fürchten uns, einen gewohnten Aspekt von uns in etwas viel Größerem, viel Mächtigerem und völlig Unbekanntem aufgehen zu sehen.

Wahre Beziehung braucht den Tod unseres Egos. Aber das Ego kann nicht an einem Kreuz geopfert werden, wo es schon war, oder es wird immer und immer wieder zurückkehren, hungrig und unerfüllt. Es muss freiwillig aufgegeben werden, gewollt und fröhlich, und dann kann es wiederauferstehen zu etwas Größerem und Tieferem.

Die Raupe windet sich im Kokon der Transformation. Erst streckt sie einen Flügel heraus, dann den anderen. Hingabe geschieht nicht von heute auf morgen. Sterben und Wiedergeborenwerden sind gleichzeitige Erscheinungen.

Ist es so überraschend, dass wir uns davor fürchten, uns selbst in unserer Liebe füreinander zu verlieren? Lasst uns weder die Verwandlung unterschätzen, die uns abverlangt wird, noch die Angst, die hochkommt, wenn das Kind sich nach der Liebe streckt, nach der es sich immer gesehnt hat und die zu geben oder zu empfangen es nie imstande war.

Unsere Wunden müssen dargeboten werden. Unsere Rüstung muss runter. Unsere Liebe muss uns geleiten, die Angst im Schlepptau. Die Raupe muss im Kokon sein, wissend, dass sie keine Raupe mehr sein wird, wenn sie da herauskommt.

Ein Schmetterling zu sein scheint eine romantische Vorstellung. Aber der Prozess, ein Schmetterling zu werden, ist alles andere als romantisch.

Er verlangt, dass wir uns durch unsere Ängste winden. Er verlangt, dass wir uns dem Unbekannten stellen.

Es bedeutet, dass wir uns dem Platz nähern, an dem wir uns treffen, ohne zu wissen, wie er aussehen oder wie es sich anfühlen wird, wenn wir dort ankommen.

Vereinigung geschieht an einem Ort jenseits der Angst, an einer Stelle voller Zärtlichkeit und Sicherheit. Und doch ist es schwierig für uns, diese Stelle zu finden. Die Vorstellung von einem getrennten Selbst muss sterben, damit das transzendente Selbst geboren werden kann.

Eines Tages wird sich die Sonne am Horizont erheben und du und ich, wir werden eine einzige Blume sein, die sich dem Licht und der Stille der Luft entgegenstreckt. Andere werden unsere Schönheit feiern. Doch sie werden niemals wissen, wie sehr wir uns am Rande des Abgrunds abmühen mussten, in der Angst loszulassen, in der Angst, uns der unverwechselbaren Liebe, die wir teilen, hinzugeben.

Freundschaft

Ich weiß, dass Freundschaft der Grundstein für unsere Beziehungen ist.

Freunde verbringen nicht jede Minute miteinander, aber sie denken oft aneinander. Sie melden sich beim anderen, nur um sicherzugehen, dass alles in Ordnung ist. Sie nehmen aneinander Anteil.

Wenn Freunde zusammenkommen, haben sie Spaß. Sie tun Dinge, die sie beide genießen. Sie reden über ihre Leben. Sie teilen ihre Frustration und ihre Freude.

Freunde sorgen sich nicht um das, was sie nicht teilen. Sie versuchen nicht, sich gegenseitig in Ordnung zu bringen. Sie akzeptieren den anderen, wie er ist. Das ist die Essenz des Freundseins: nicht zu urteilen, aber zu akzeptieren, zu verstehen und zu unterstützen, unabhängig von der Situation.

Das ist es, was wir tun, wenn wir voneinander getrennt sind. Wir sind dicke Freunde.

Und es ist das, was wir während eines großen Teils der Zeit machen, die wir gemeinsam verbringen. Aber dann bedrängen wir einander ein bisschen und fangen an, es zu verlieren.

Freunde bedrängen sich nicht. Sie geben sich gegenseitig Raum. Sie respektieren gegenseitig ihre Grenzen.

Deshalb können Freundschaften ewig andauern.

Wenn Menschen versuchen, Liebende zu sein, bevor sie gelernt haben, Freunde zu sein, dann verlangen sie förmlich nach Problemen.

Ein Freund zeigt dir seinen Schmerz, und du fühlst dich nicht bedroht und greifst an oder läufst davon. Du erträgst einfach nur den Schmerz deines Freundes mit Mitgefühl.

Du nimmst ihn nicht persönlich. Du musst nichts damit machen. Du sitzt nur bei deinem Freund und bietest ihm Verständnis und Unterstützung an.

Liebende haben Probleme, das zu tun, weil ihr Schmerz gewöhnlich verbunden ist mit dem Schmerz ihrer Partner. Liebende fühlen sich oft angegriffen von den gegenseitigen Erwartungen und Bewertungen. Sie fühlen sich häufig in der Pflicht, sich oder ihr Verhalten zu verteidigen. Ist es da ein Wunder, dass sie Probleme haben, sich gegenseitig zuzuhören und sich zu unterstützen?

Deshalb müssen Liebende um eine „Auszeit" bitten. Sie müssen lernen, sich zurückzulehnen und einander Raum zu geben. Sie müssen lernen, die andere Person auszuhalten und ihre Grenzen zu respektieren. Sie müssen aufhören, Geliebte zu sein und anfangen, Freunde zu sein. Und physischen Abstand zu gewähren und zu nehmen ist Teil dieses Umdenkens.

Distanz gibt Perspektiven. Es hilft uns, das große Ganze wahrzunehmen. Es hilft uns loszulassen von unserem Bedürfnis, all die kleinen Dinge zu kontrollieren. Es hilft uns einzusehen, das auch wir zu aggressiv, zu übergriffig, zu bewertend, zu kontrollierend unserem Partner gegenüber sind. Es hilft uns wahrzunehmen, dass wir die Grenze übertreten haben und einen Schritt zurück machen müssen.

Einen Schritt zurück zu machen bedeutet, dass wir die Verbindung zu unserer Mitte wiedergewinnen. Wir hören auf, zu unserem Partner herüberzuschielen, um unsere Bedürfnisse in diesem Moment zu erfüllen. Wir schauen, ob wir selbst diese Bedürfnisse direkt erfüllen können, und wenn das nicht geht, erkennen wir, dass diese Bedürfnisse möglicherweise falsch, verzerrt, unrealistisch sind. Und wir fangen an, uns selbst zu fragen, warum wir zu jemand anderem schauen, damit er uns etwas gibt, das wir selbst uns nicht geben können.

Wir schauen uns unser eigenes neurotisches Bedürfnis nach Bestätigung an und sehen, wie unfair es ist zu erwarten, dass unser Partner dieses Bedürfnis erfüllt. Wir müssen lernen, uns gegenseitig zu bestätigen. Wenn wir das können, sehen wir, dass unsere Partner uns lieben so gut sie können, aber sie können nicht dieses schwarze Loch in unseren Herzen stopfen. Niemand kann das stopfen.

Das Loch ist da, weil wir uns selbst nicht wertschätzen. Und wir müssen darauf zurückkommen: Uns lieben und akzeptieren, ganz egal, wie durcheinander und chaotisch unser Leben erscheint.

Niemand ist von der großen Arbeit der Selbstannahme ausgenommen, das gilt besonders im Zusammenhang mit einer intimen Beziehung. Je intensiver unsere Beziehung ist, desto wichtiger wird es, dass wir uns Zeit für uns allein nehmen, um uns wieder auszurichten und uns zu lieben und zu akzeptieren.

Wenn wir diese Aufgabe an unsere Partner abtreten – eine Option, die uns fortlaufend in Versuchung führt –, betrügen wir uns am Ende selbst. Die Liebe und Annahme unseres Partners kann niemals ein Ersatz sein für unsere Liebe und Annahme uns selbst gegenüber.

Uns selbst zu lieben ist das Fundament. Die Liebe unseres Partners wird getragen von der Stärke dieses Fundaments oder untergraben von seiner Schwäche.

Wenn das Fundament schwach ist, wird die Beziehung selbstzerstörerisch sein. Sie ist nicht in der Lage, die Last auszuhalten, die auf ihr liegt.

In jeder Beziehung liegt es in unserer Verantwortung, unser Fundament stark zu halten. Das bedeutet, körperlich, emotional, mental und spirituell gut für uns zu sorgen.

Es bedeutet, für unsere Körper zu sorgen: gut zu essen, zu trainieren, genug Schlaf zu bekommen. Es bedeutet, sich die Zeit zum Fühlen zu nehmen, mit diesen Gefühlen zu arbeiten und sie auszudrücken. Es bedeutet, uns unserer Gedanken bewusst zu sein und zu sehen, wie sie entweder zu unserem Glück beitragen oder es untergraben. Und es bedeutet, dass wir uns in regelmäßigen Abständen mit der ureigenen Essenz in uns verbinden.

Ja, das ist viel. Aber das ist es, was das Fundament bildet.

Wenn wir probieren, all das von unserem Partner zu erhalten, müssen wir uns darauf gefasst machen, enttäuscht zu werden. Es ist an der Zeit, mit diesen Versuchen aufzuhören.

Wenn unser Partner in der Lage ist, seine oder ihr Fundament stark zu halten, dann gibt er uns den größtmöglichen Segen. Mehr brauchen wir nicht. Mehr als das ist eine Illusion.

Du kannst dich um deinen Partner sorgen, aber du kannst ihm nicht dabei helfen, das Fundament für Selbstannahme und Selbstliebe zu schaffen. Das ist individuelle Arbeit.

Das ist das Geschenk, das wir in die Beziehung einbringen. Ohne dieses Geschenk ist jede Beziehung eine Übung in Sinnlosigkeit. Sobald der Boden zu beben anfängt, wird das Fundament reißen und das Gebäude in sich zusammenstürzen.

Natürlich müssen wir erkennen, dass das Schaffen eines Fundaments sich nicht in fünf Minuten erledigen lässt. Es ist etwas, das unsere ständige Aufmerksamkeit benötigt. Fünf Minuten am Tag werden nicht ausreichen.

Zwischenzeitlich sind wir am Tag immer wieder dazu aufgerufen, uns auf vielen Ebenen um uns selbst zu kümmern. Wenn ich mir das genauer anschaue, dann sehe ich, dass dafür mehrere Stunden am Tag notwendig sind: Zeit zu schwimmen, zu wandern, still zu sein, zu schreiben und so weiter.

Es ist keine kleine Angelegenheit. Wenn ich vier Stunden am Tag damit verbringe, auf mich aufzupassen und mein eigenes Fortschreiten zu ehren, dann habe ich die Energie, mich mit jemand anderem zu verbinden. Falls nicht, gehe ich geschwächt und unvorbereitet in meine Beziehung.

Natürlich ist das für jede Person anders. Aber jeder muss damit zurecht kommen, was er oder sie in der Beziehung mit jemand anderem zur vollen Blüte bringt.

Ich denke, wir unterschätzen ernsthaft die Zeit und Energie, die notwendig sind, um uns selbst und die Beziehung gesund zu halten.

Wie strukturieren wir unser Leben, damit Zeit da ist für uns selbst, Zeit für unseren Partner und Zeit für unsere anderen Verpflichtungen? Sollten wir Rituale in unser Leben einbauen, die es uns gestatten, Zeit mit uns selbst und unseren Partnern zu verbringen?

Sollten wir mit dem Gedanken spielen, getrennte Lebensbereiche zu haben, einen eigenen Raum für uns selbst im Haus, vielleicht sogar unser eigenes Haus, in das wir uns zurückziehen können, wenn wir Zeit brauchen für eine Zwiesprache mit uns selbst, Zeit uns zu verwurzeln in den Rhythmen unserer eigenen Erfahrung?

Das sind die Fragen, die wir alle uns stellen müssen.

Und wir werden alle unsere eigenen Antworten darauf finden und diese Antworten unvollkommen ausleben.

Manchmal werden wir auf die Nase fallen und uns wieder aufrappeln müssen, um zu einer völlig neuen Abmachung zu finden. Das ist okay. Das ist Teil des Prozesses des Lernens und Zusammenwachsens. Es ist alles ein Versuchen und ein Irren, bis wir herausfinden, was für uns beide funktioniert.

Sing mir keine Loblieder

"Deine Liebe ist mir momentan zu viel", sagte sie.
"Tagelang stand ich beschattet im Licht
deiner aufgehenden und untergehenden Sonne.

Nun ist es für mich an der Zeit, allein auf die Wiese zu gehen.
Es ist egal, dass alles, was ich bei meiner Rückkehr mitbringen werde
ein paar Steine sind, die ich an deinen Füßen ablege.

Was zählt, ist, dass ich komme und gehe,
und dass du da bist, wenn ich zurückkomme.

Eine Frau ist mehr als ein Mond.
Sie ist auch eine Sonne.
Sie ist eine Sammlerin ihrer eigenen Früchte.
Sie ist nicht nur diejenige, die dich hält,
sondern auch die, die dich nährt.

Ruf mich heute bitte nicht an und schicke mir keine Blumen.

*Sing mir keine Loblieder
oder erzähle mir, wie großartig
unsere Verbindung ist.*

*Heute muss ich allein am Strom sitzen
oder alleine im Bett liegen,
mit der Decke über dem Kopf.*

*Nein, ich verstecke mich nicht vor dir.
Es ist nur so, dass ich vergessen habe,
wo meine Haut aufhört
und deine beginnt.
Heute muss ich mich daran erinnern,
wer ich ohne dich bin.
Wie sonst kann ich fortfahren, mich dir
hinzugeben?*

*Heute muss ich mich von deiner Liebe freimachen
Um meine eigene zu finden."*

Ein neuer Bund

Eine Beziehung ist ein Bund zwischen zwei Menschen. Sie definiert, was beide Menschen bereit sind zu tun. Sie legt aufrichtig Rechenschaft darüber ab, was jede Person zu geben bereit ist. Sie ist kein Aufruf zur beidseitigen Aufopferung.

Es muss in ihr nicht darum gehen, was Menschen aufgeben, um zusammen zu sein. Es muss darum gehen, was Menschen willentlich einander bringen. Es muss darum gehen, in welchen Bereichen sie beim Geben und Nehmen Spaß haben.

In einer Beziehung geht es nicht um Forderungen. Sobald jemand damit beginnt, vom anderen etwas einzufordern, hört die Beziehung auf. Es gibt keinen Bund mehr.

Ein Bund wird nicht ein für allemal besiegelt. Er wird Woche um Woche, Tag für Tag, Stunde für Stunde, von Moment zu Moment erneuert.

In diesem Moment sind wir entweder bereit oder wir sind es nicht.

Und wenn wir nicht bereit sind zu geben, was wir versprochen haben, dann hat das Versprechen keine Bedeutung.

Du kannst jemanden nicht dazu bringen zu tun, was er schon im Begriff war zu tun. Nötigung ist kein Aspekt von Beziehung.

Nötigung ist ein Zeichen dafür, dass es an Beziehung mangelt. Also was tun wir, wenn eine Person nicht bereit ist? Sagen wir: „Es ist okay. Ich erlöse dich von deiner Zusage?" Oder sagen wir: „Ich habe mich auf deine Zusage verlassen. Bitte steh zu der Vereinbarung, die du mit mir getroffen hast"?

Ich vermute, dass du nicht mit einer Person zusammen sein möchtest, die nicht in der Lage ist, zu dir zu stehen, egal, was sie in der Vergangenheit von sich gegeben hat.

Du willst nicht an jemandem im Schmerz festhalten, oder du wirst in diesen Schmerz mit hineingezogen.

Du willst nicht jemanden gegen seinen Willen an dich binden, oder du wirst dein Leben darauf verwenden, gegen diesen Widerstand anzukämpfen.

Es steht nicht in deiner Macht, eine Beziehung gelingen zu lassen.

Eine Beziehung ist ein Bund. Es ist ein Abkommen zwischen zwei Menschen darüber, was sie tun wollen.

Wenn nur eine Person bereit ist, dann ist es keine Beziehung. Es ist eine Form von Grenzüberschreitung.

Wirkliche Liebe hat ohne ein aufrichtiges, starkes Bekenntnis zueinander keine Chance, zur vollen Blüte zu gelangen. Sie entwickelt sich nicht zwischen zwei launischen Menschen. Sie entwickelt sich nicht, wenn zwei Menschen ständig voreinander davonlaufen.

Sie entwickelt sich nur, wenn zwei Menschen lernen, zusammenzuhalten. Und manchmal ist das schwierig.

Manchmal wissen zwei Menschen nicht, wie sie zueinander stehen sollen. Manchmal wissen sie noch nicht einmal, ob sie wirklich zusammen sein wollen.

Das passiert in jeder Beziehung. Aus Höhenflügen werden Abstürze. Energie und Interesse verblassen.

Der Sex ist emotional nicht länger erfüllend. Miteinander zu sprechen erscheint schwierig.

Innerhalb jeder Beziehung gibt es Momente ohne Beziehung. Kluge Paare nutzen diese Augenblicke, um sich Zeit für sich zu nehmen, sich mit ihrem Selbst wieder zu verbinden und aufzutanken.

Sie beenden ihre Beziehung nicht, wenn die Energie nachlässt. Sie haben keine Affäre.

Sie geben einander Raum zum Durchatmen.

Das mag für ein oder zwei Stunden sein, für ein oder zwei Tage… vielleicht sogar für einen Monat oder zwei.

Jede Person muss Wege zurück zum Selbst finden und das bedeutet, sich voneinander zu entwirren.

Jede Person muss Zeit finden, sich die Frage zu stellen: „Wer bin ich jetzt?"

Die Antwort auf diese Frage ändert sich von Zeit zu Zeit. Deshalb dürfen wir nicht vergessen, uns diese Frage zu stellen. Beziehung ist sowohl eine Reise in die gemeinsame Intimität als auch eine Reise in die Intimität mit dem Selbst. Das vergessen wir.

Wir denken, es geht nur um den anderen, aber das ist nicht richtig.

Ja, wenn unsere Reise in das Herz eines anderen uns nicht in das eigene bringt, dann ist unser Fortkommen auf dem Pfad unterbrochen.

Wir benötigen Zeit, um Erfahrungen zu verinnerlichen. Wir benötigen Zeit, um zu atmen und allein zu sein.

Es ist ein Teil des Kreislaufs.

Wir bewegen uns zueinander hin und voneinander weg. Wenn wir uns nicht voneinander weg bewegen, dann können wir nicht wieder zusammenkommen.

Du kannst keine Beziehung haben, die nur Höhen und keine Tiefen hat. Du kannst keine Beziehung haben, die alles zusammen ist.

Jede Beziehung muss auseinanderfallen, nicht nur einmal, sondern viele Male. Auf diese Weise wächst sie. Auf diese Weise wird eine neue Intimität erreicht.

Unsere Beziehungsmodelle erlauben uns diese Art der zwischenmenschlichen Transformation im Rahmen einer beherzten Beziehung nicht. Bei unseren Modellen bleiben Menschen entweder in gefrorenem Zustand zusammen, oder sie bleiben distanziert und teilnahmslos.

Menschen, die „egal wie" zusammenbleiben, hören auf zu wachsen. Sie können sich nicht einmal mehr anschauen. Die Lebensenergie weicht aus der Beziehung. Sie kann die eingrenzenden Muster und Strukturen nicht aushalten.

Menschen, die Angst vor zu viel Nähe haben, nehmen beim ersten Anzeichen von Schwierigkeiten eine Rakete, die sie aus der Beziehung katapultiert. Sie gehen von Liebhaber zu Liebhaber und dringen dabei nie zur Quelle der Liebe vor, weder in sich selbst noch in der anderen Person.

Manche Beziehungen haben kein Durchhaltevermögen. Andere haben keine Wandlungskraft.

Wirkliche Beziehung braucht beides. Sie braucht ein Bekenntnis zueinander und die Freiheit, man selbst zu sein. Sie verlangt von uns, immer die Wahrheit zu sagen, während wir gemeinsam durch unsere Trauer und unseren Schmerz wandern.

Erfolgreiche Beziehungen erfordern, dass wir die Stärke haben, unseren Mann oder unsere Frau zu stehen, wenn es notwendig ist, und die Flexibilität, uns anzupassen, wenn sich die Umstände ändern. Manchmal bitten sie uns, geduldig zu warten. Manchmal fordern sie uns auf, nach vorn zu preschen, auch wenn wir nicht wissen, wohin es geht.

Keine Beziehung ist einfach. Jede intime Beziehung stellt die Tiefe unseres Bekenntnisses zu uns selbst und anderen auf eine Probe. Im Schmelztiegel der Beziehung siecht selbstsüchtige Liebe langsam dahin und wird wiedergeboren als bedingungslose Liebe.

Diese transzendente Agape (die bedingungslose, befreiende Liebe), die uns durch die Höhen und Tiefen unserer emotionalen Erfahrungen trägt, blüht nicht mit einem Mal auf. Es geht um eine allmähliche Reifung. Sie entfaltet sich mit jedem Mal, wenn wir unseren Partner im Kreis treffen, tiefer. Empfangen und loslassen, umarmen und befreien: Das sind die Gezeiten der Liebe. Es gibt kein Herz, das sie nicht kennt.

Die Schönheit des Tanzes offenbart sich uns, wenn wir bemerken, dass das bloße Loslassen der Hand unseres Partners eine Einladung ist, sie später wieder zu nehmen. Dann, wenn wir uns im Kreis wieder treffen, wird es mit einem größeren Gefühl von Wertschätzung und Ehrfurcht geschehen. Unsere Herzen werden offener und willkommenheißender sein, und wir werden uns tiefer denn je in die Augen schauen.

Schwarzes Eis am Fluss

*Wie viele Liebende fallen
auf dasselbe Stück Eis?*

*Auf dem Weg dahin,
in einem einzigen Moment der Unachtsamkeit,
fliegen mir die Beine davon.*

*Auf dem Weg zurück,
während ich nach der gefährlichen Stelle
Ausschau halte,
drehst du dich schnell herum.*

*Manche würden sagen: „Das ist ein Vorzeichen.
Gott fordert dich dazu auf, vorsichtig zu sein."
Ich glaube das nicht.*

Wenn Gott spricht, dann sagt er oder sie:

*„Egal, wie aufmerksam du bist
oder auch nicht,
du wirst immer auf dem Hintern landen.*

Du kannst Schmerz nicht vermeiden.
Du kannst Peinlichkeiten nicht vermeiden.
Hört, ihr beide.

Es wird Zeiten geben,
da versucht ihr beide zu kontrollieren
und ihr werdet scheitern.

Aber das ist nicht weiter schlimm.
Ein Teil des Miteinandergehens
ist das gemeinsame Fallen.

Teil einer richtigen Beziehung
ist die Einsicht, dass ihr euch
im anderen getäuscht habt.

Solange ihr beide nicht verwundbar seid,
unvollkommen, töricht, und dazu auch steht,
kann es nicht funktionieren.

Lasst alle Vorstellungen los, die ihr habt
vom Richtigsein.
Lasst alle Bilder los, die ihr davon habt,
„wie es sein sollte".

*Setzt einfach einen Fuß vor den anderen
und geht zusammen voller Mitgefühl.
Seid sanft und vergebend.*

*Schiebt weiter eure Gedanken beiseite.
Fallt weiter in euer Herz.
Folgt weiter dem Fluss.
Nichts anderes hat eine Bedeutung.*

Am Flussufer

1

*Ich merke, wie du sofort
dahin gehst, wo der Gebirgsbach
sich in den Fluss ergießt.*

*In der Frühlingssonne glänzt und glitzert
der schmelzende Schnee
auf seiner Reise abwärts.*

*Du schaust genau hin, als das stürzende Wasser
sich einen eigenen Pfad
durch die Eisfälle bahnt.*

2

*Aufsteigend von Stein zu Stein
erklimmen wir den großen Felsenthron
um den herum die Wasser rauschen,*

eine Insel mitten im Strom,
ein Ort vollkommenen Gleichgewichts
zwischen Bewegung und Reglosigkeit,
Verwurzelung und Freiheit.

Indem wir uns in der Sonne ausstrecken,
während das große Dröhnen des rauschenden Wassers
zu unseren Zellen singt,

sind wir reine Zierde
der Stunde,
eine unerwartete Verschönerung geworden,

wie die Brise, die das Sonnenlicht
im richtigen Moment einfängt,

einem Moment der Gnade,
kaum wahrgenommen,
während der Fluss an uns vorbeirauscht.

3

Etwas hat sich hingegeben

diese tiefe Senke im Boden zu erschaffen,
diesen Nadir, in den der schmelzende Schnee fällt
von jeder umliegenden Furche.

Ich feiere das, was sich selbst entleert hat,
sich in die Leere gestürzt hat,
damit der Fluss hier strömen kann.

Ich feiere die Stille,
die das rauschende Wasser mit sich trägt
und die Schreie der Raben und der Falken.

Ich feiere die Leere in jedem von uns
und die Gesalbten,
die ihrem Ruf folgen.

Sich im Mysterium wiegen

*Die Süße des Flusses ruft nach mir,
da, wo er sich von der Straße weg krümmt.*

*Ich folge dem steigenden Crescendo
jenseits der menschlichen Geräusche,
nehme den ersten Fußweg
hinauf in die Berge.*

*Beim Herunterschauen
erblicke ich die rauschenden Gewässer,
die sich aus meinem Blickfeld schleichen,
die letzten Lichtstrahlen einfangend,
als die Sonne im nächsten Tal verschwindet.*

*Ich bin ein Sucher wilder Plätze,
obgleich die Wildheit zwischen uns
schärfer ist als der Gipfel der Nacht,
die sich um den Fluss legt.*

*Einst davon verschreckt,
bin ich hergekommen, um daraus zu lernen
und mich damit zu versöhnen.*

Die ganze Nacht hindurch
höre ich das Trommeln des Wassers,
das den Tag immer so langsam zurückholt,
wie eine geheimnisvolle Geburt des Bewusstseins
geborgen im Mysterium.

Es fällt mir schwer zuzugeben,
aber den Weg zurück zu dir kenne ich nicht.
Alles, was ich weiß, ist, dass wir uns nicht treffen können,
solange wir nicht dem Fluss folgen
in diese wilden Plätze des Herzens,

jenseits von Versprechen und Garantien,
jenseits von dem, was wir wissen
oder zu wissen glauben,

wo das Feuer unnachgiebig wütet
und seltsame Schatten tanzen
in und aus dem Feuer.

Reisen an den Platz

Der Morgen, nachdem du gehst,
um zurückzufliegen
kommt sanft und zart.
Weiß auf weiß,
fließt er hinein
in seine schwankende Wiege.

Die Sonne liegt noch tief am Himmel,
wärmt die Wasser,
die sich in die Tiefen der Erde versenken.
Nebel umhüllt das Tal.
Weich, flüchtig,
findet jede Ecke und jedes Versteck.

Unterwegs in den Süden durch die wogenden
Hügel,
wo die Bundesstraße 1-91 sich durch die Gehöfte
schlägt,
das Ufer des Deerfield Flusses umarmt,
erheben sich die Nebelschwaden langsam,
schweben geisterhaft
über die verschneiten Felder.

Die Morgensonne ist gebrochen,
durchdringt kaum den dunstigen Schleier,
während sie sich zu den Wolken erhebt,
die über die Pocumtuck-Hügelkette hinziehen.

Ich weiß nicht, ob es der Nebel ist,
das Sonnenlicht
oder die Alchimie ihrer Vereinigung,
die für diese gespenstische Umarmung sorgt,

die Bauernhof und Scheune verschleiert
und die Nebelscheinwerfer der Autos
verschwimmen lässt,
die an diesem Korridor vorbei nach Norden
hechten,
der einst nur bereist wurde
von Wind und Schnee.

II

Ich hatte auch die Angewohnheit, mit dem Wind
zu laufen,
bevor die Liebe meinen erhobenen Fuß gefangen
und halb beerdigt hat.
Wie eine aufsässige Wurzel
im Schnee.

Nun stechen meine Augen aus dem Nebel,
stellen sogar diesen Moment
erzwungener Hingabe infrage.

Gehalten in dieser kurzen, flüchtigen Umarmung,
(mein Körper noch immer geborgen von deinen
Händen)
sehe ich zu, wie die Sonnenstrahlen sich entladen,
das Tal in Brand stecken
in trübes, weißes Licht.

III

Das Land dehnt sich vor mir aus
wie der Körper einer Geliebten,
die ich zuvor berührt habe:

Ich sehe die Überschwemmungen:
Die Hügel und Täler,
und ich höre das Rascheln der Blätter,
die gefallen sind, bevor der Tod hereingestolpert
kam
und die Erinnerung
aus meinen Händen nahm.

IV

*Verwüstet in ihrer Schönheit
und doch seltsam nachgiebig,
erhebt die Erde ihre zarten Brüste
an die Lippen, die sie suchen.
Irgendwelche Lippen. Zu irgendeiner Zeit.*

*Ohne auch nur einen einzigen Tropfen Blut
zu verschütten,
bleibt die Wunde,
echot tausende Male,
während Autos heraneilen.*

*Da gibt es keine Empfindung,
wo Reifen rollen,
kein Atem unter der Straße,
wo sich das Land hebt und senkt.
Keine Höfe mehr,
ein ununterbrochenes Rollen
bis hinunter zum Fluss.*

Zarte Gnade

Nachdem du gegangen warst, fühlte ich deine Abwesenheit schmerzlich, wie ich es erwartet hatte. Du hattest dieselbe Erfahrung, aber für dich war es völlig überraschend.

Du begannst, unsere Beziehung in einer völlig neuen Art und Weise wertzuschätzen. Du gestattetest dir, dich tiefer in unsere Freundschaft sinken zu lassen. Du ließest meine Liebe hinein.

Aber es war zu spät.

Ich machte weiter Pläne zu kommen und dich zu sehen, aber diese Pläne verwirklichten sich nicht. Da gab es keine Energie in meinem Leben, die mich bei meiner Bewegung zu dir hin unterstützt hätte.

Als du aus der Tür dieses Haus gegangen bist, hat sich etwas verschoben. Und mit der Zeit öffnete sich eine andere Tür.

Sie ging unverhofft auf ohne jegliche Anstrengung und ich bin hindurchgegangen. Ich weiß, dass du es nicht getan hättest. Du hättest gewartet, die Situation analysiert, abgewogen, ob deine Bedürfnisse erfüllt würden oder nicht.

Aber nichts davon traf auf mich zu. Zum ersten Mal in meinem Leben bot sich mir die Liebe dar, wie ich sie anderen angeboten habe. Da gab es keine Bedingungen, die es zu erfüllen galt. Da war nur ein einfaches, unkompliziertes „ja".

Die Reinheit der Geste und die Integrität dahinter machten es absolut zwingend. Sie ließ keinen Raum für Zweifel oder Überlegungen.

Es war keine Geste, auf die du halbherzig hättest reagieren können oder zwiegespalten. Sie verlangte dir deine ganze Präsenz und deinen ganzen Einsatz ab.

Natürlich, du hast das Wort „Einsatz" nie geliebt. Für dich hat es einen Verlust an Freiheit bedeutet.

Aber das war der Fall, weil du Einsatz als etwas verstandest, das von dir abgezogen wird, fast gegen deinen Willen. Du hast nicht erkannt, dass so ein Einsatz ohne deine Bereitschaft dazu nicht existieren konnte.

In Wahrheit ist unser Potenzial für diese Form der beherzten Liebe universell, aber daran glauben wir nicht. Wir haben Angst davor, betrogen zu werden.

Wir leben in unseren Köpfen und denken die Liebe zu Tode. Wir berücksichtigen jedes Problem. Wir untersuchen jeden Pickel und jede Warze. Wir erwarten Perfektion und vergessen, Vergebung uns selbst und anderen gegenüber anzubieten.

Wenn wir vertrauen, ist Liebe ein Brunnen des Versprechens und ein Fluss der Hoffnung. Wir bewegen uns leicht in den wechselnden Strömungen des Flusses. Wenn wir misstrauen, errichten wir eine innere Barriere, die den Fluss der Emotionen zurückhält und es uns schwierig macht, spontan zu geben und zu empfangen. Indem wir uns mit unseren Zweifeln und Ängsten aufhalten und Garantien verlangen, unterwandern wir den natürlichen Rhythmus des Lebens.

Ohne Vertrauen in uns selbst und unsere Partner wird der Tanz schwierig. Einige von uns werden frustriert und ziehen sich vom Tanzparkett zurück, mit einem wütenden oder gequälten Gefühl.

Und doch haben wir uns unsere Isolation und unser Unglück selbst erschaffen.

Wenn wir unseren Ängsten folgen, Risiken aus dem Weg gehen und versuchen, das Ergebnis jeder Situation zu kontrollieren, ist unser Geist unnatürlich aufgebläht. Er beraubt das Herz seiner Vorherrschaft und regiert über ein schattenhaftes Königreich seiner eigenen Einbildung.

Währenddessen welkt das Herz in seinem Gefängnis dahin.

Ein Herz, dem nicht die Erlaubnis erteilt wird zu lieben, ist ein bemitleidenswertes Ding. Es hat keine Kraft, über sich selbst hinauszuwachsen. Es verliert die Verbindung zu seinen Wurzeln und zur Tragweite seiner Flügel.

Der große Dichter und Maler William Blake porträtierte die künstliche Dominanz des Kopfes über das Herz in dem Charakter *Urizen*. Er zeigte uns eine Figur mit einem großen Kopf und einem verkümmerten Körper. Seine hässliche Vision ist im heutigen Leben die dominante Wirklichkeit geworden. Es ist im Wesentlichen pervers und neurotisch.

Ein Herz, das sich nicht ausstreckt und etwas riskiert, ist gefangen und in Ketten gelegt in seinem Gefängnis der Angst, bis es wieder den Mut hat zu vertrauen. Aber seine Tapferkeit wird sich auszahlen. Wenn sich das Herz erhebt und seine Macht zurückholt, ist die Balance wiederhergestellt und die Gefängnistür schwingt auf.

Liebe mag im Schatten entstehen, aber sie ist keine schattige Angelegenheit. Sie ist ein strahlendes, leuchtendes Wesen, das das Leben feiert und sich wie ein Phönix aus seinen Schmerzen und Enttäuschungen erhebt.

Das Herz ist ein Wesen, das von Vertrauen, Hoffnung und Glauben lebt. Es gibt selbstlos von sich, trotz aller Ängste, die dazu auffordern, es zurückzuhalten.

Es war nie dazu bestimmt, beengt und eingesperrt zu werden, sondern frei zu sein, alle Höhen und Tiefen menschlicher Emotion zu erleben. In dieser Hinsicht sind Schmerz, Verletzung und Trauer unvermeidlich. Alle, die tanzen, erleben sowohl Freude als auch Kummer.

Den Tanz wegen des Risikos einer Verletzung zu verweigern, bedeutet, das Herz außen vor zu lassen und das Versprechen der Liebe zurückzuweisen. Es ist eine sterile Wahl. Und am Ende bringt sie nicht die Sicherheit hervor, die sie versprochen hatte.

Der Kelch

Als du sagtest, du fändest meine Liebe
überwältigend,
dimmte ich mein Licht
und zügelte meine Leidenschaft,
um in deinen Kelch zu passen.

Aber ich muss dich fragen:
Warum sich nicht ein wenig strecken?
Warum dich nicht
ein wenig tiefer und weiter machen,
sodass du all die Liebe aufnehmen kannst,
die ich zu geben habe?

Ist das nicht die Art von Yoga,
die Liebende zu lernen haben,
schrumpfend und wachsend
bis sie schließlich
über sich hinauswachsen können?

Es tut mir leid, mein Freund.
Du magst glauben,
dass der Kelch der Liebe

kleiner wird,
aber das stimmt nicht.

Er mag zerspringen und vernichtet werden,
wieder aufbereitet und neu geformt werden,
aber seine Kapazität zu geben
oder zu empfangen,
wird niemals kleiner als sie ist.

Die Quelle

Wann immer ich denke,
dass es mir unmöglich ist, dich mehr zu lieben,
als ich es in diesem Moment tue,
wird schnell deutlich,
dass das nicht wahr ist.

Die Quelle, aus der wir uns speisen,
ist tiefer, als wir ahnen.

Die Heldenreise

Wir alle wollen mit etwas verschmelzen, das größer ist als wir selbst. Das ist die Bestimmung der Liebe.

Wir streben danach, über uns hinauszuwachsen, unsere Getrenntheit zu überwinden. Aber um das zu tun, müssen wir all das aufgeben, was uns zügelt und zurückhält. Wir müssen genau die Grenzen aufgeben, nach denen wir für unsere Selbstdefinition immer gesucht haben.

Eine unsichere Person ist dazu nicht in der Lage. Sie braucht solche Grenzen, um sich sicher zu fühlen.

Liebe ist nichts, das geschieht, wenn wir angsterfüllt oder unsicher sind. Denn Liebe bedeutet, ein Risiko einzugehen. Es bedeutet, nach etwas mit der Möglichkeit zu greifen, dass wir nicht erhört oder gar zurückgewiesen werden. Es bedeutet, über unsere sichere Grenze hinauszugehen und verwundbar zu werden.

Die Bewegung der Liebe ermöglicht ein neues Bündnis mit dem Leben, eine neue Möglichkeit für Wachstum und Transformation.

Liebe hebt uns heraus. Sie ist aufregend. Wir sehen Dinge, die wir voher nicht zu Gesicht bekommen haben. Aber sie ist auch angsteinflößend.

Liebe ist die Bewegung vom Kern des Selbst zur Peripherie. Liebe erweitert unseren Sinn für das Selbst, sodass wir auch andere einbeziehen können. Wenn wir lieben, werden wir größer. Unsere kleine Seifenoper nimmt epische Auswüchse an.

Als ein Liebender bekommen wir eine mythische Gestalt: nicht einfach Mann oder Frau, sondern Gott oder Göttin. Liebe hilft uns einzutreten in unsere Göttlichkeit.

Wenn wir lieben, steht all diese großartige Energie hinter uns, hilft und ermutigt uns, treibt uns voran.

Wie schafft es die Angst, mitten in diesem großartigen Phänomen ein Bein auf den Boden zu bekommen? Wie schafft sie es, die natürliche Spontaneität und das Ausdrucksvermögen der Liebe nach innen zu richten und zu wenden, das Kreative ins Neurotische und Egozentrische zu kippen?

Natürlich, die große Angst des Liebenden ist, dass seine Liebe nicht erwidert wird. Er wird vielleicht nicht in dem Maße zurückgeliebt werden, wie er liebt. Seine Liebe mag sogar verschmäht werden!

Wenn er sich darum sorgt, kann er nicht lieben. Wenn er die Zurückweisung fürchtet, geht er nie das Risiko ein, seiner Liebe Ausdruck zu verleihen.

Wenn wir uns vor Misserfolg oder Zurückweisung fürchten, davor, wie ein Narr dazustehen, können wir nicht lieben. Das ist so, weil Liebe im Grunde genommen von vorn bis hinten närrisch ist.

Jeder, der von Amors Pfeil getroffen worden ist, wird bestätigen, dass Verrücktheit das Zeichen der Liebe ist.

Die Frage ist nicht: „Was würde die Liebe tun?"
Die Frage ist: „Was würde die Liebe nicht tun?"
Liebe wird nichts zurückhalten. Sie wird sich vollständig in Verlegenheit bringen und in ihrem Bedürfnis kompromittieren, sich selbst Ausdruck zu verleihen.

Wo ist der Liebende, der im Ausdruck seiner Liebe zurückhaltend ist? Du wirst ihn nicht finden.

Liebe mag den Exzess kennen, aber sie kennt nicht die Zurückhaltung.

Derjenige, der liebt, muss bereit sein, als Narr dazustehen. Er muss bereit sein, sich selbst zu beschämen. Er muss bereit sein, Fehler zu machen. Er muss bereit sein zu lieben, auch wenn es keine Garantie gibt, dass seine Liebe erwidert wird.

Wenn er nicht bereit ist, wird Angst seine Energie zurückhalten. Er wird Sicherheit und Garantien suchen. Er wird sich zusammenziehen.

Seine Chance, größer als er selbst zu werden, ist dahin. Seine Gelegenheit, ein Held zu werden, wird verstreichen.

Was Liebe bewirken kann, kann Angst vernichten. Daran führt kein Weg vorbei.

Obwohl Angst im Angesicht der Liebe machtlos ist, kann die Kraft der Liebe nicht erfahren werden, solange wir unseren Ängsten Gehör schenken.

Die Angst sagt „nein". Die Liebe sagt „ja".

Die Angst sagt: „Auf diese Weise kann es nicht gehen." Die Liebe sagt: „Es kann so geschehen, wie es geschehen soll – ganz egal wie."

Das ganze Leben ist ein Gedicht über die Trennung und die Zusammenkunft. Die Angst trennt. Die Liebe vereinigt.

Wir werden die Angst nicht verscheuchen können. Sie ist Teil des dualistischen Gewebes im Leben.

Wir müssen nur lernen, mit ihr umzugehen. Wenn wir mit unserer Angst auf eine liebevolle Art umgehen können, hat sie nicht länger die Macht, uns zu untergraben.

Ängste kommen hoch, aber wir nehmen nicht mehr an, dass unsere Ängste wahr sind. Wir versuchen auch nicht, sie zu vertreiben. Wir erlauben ihnen einfach, in der Weite unseres Bewusstseins gehalten zu werden.

Wenn wir unsere Angst liebevoll behandeln, kann es keine neurotischen, reflexhaften Reaktionen geben. Wir müssen unsere Geliebten nicht beim ersten Anzeichen von Schwierigkeiten verlassen.

Wir können unsere Ängste anerkennen, ohne sie auszuschmücken oder ihnen fälschlicherweise Macht zuzugestehen. Auf diese Weise geben wir ihnen nie die Macht, unsere Liebe gegen sich selbst zu wenden.

Wenn unsere Ängste anerkannt worden sind, öffnet sich der Raum im Bewusstsein erneut. Wir hören auf, uns in uns selbst zusammenzuziehen.

Wir lassen Dinge einfach so sein, wie sie sind. Und in diesem offenen Raum wird die Liebe wiederentdeckt.

Wir müssen nicht probieren, die Angst zu wenden. Wir müssen nicht probieren, die Angst zu vertreiben.

Der Angst braucht kein Widerstand geleistet zu werden. Sie muss mitfühlend gehalten werden.

Angst hält uns nur zurück, wenn wir das zulassen: Wenn wir sie für bare Münze nehmen, oder wenn wir Angst vor ihr haben und versuchen, sie wegzudrücken. Aber wenn wir unserer Angst mit Mitgefühl begegnen, stellt sie kein Problem dar. Sie ist wie der Wind, der vor einem Sturm zunimmt und sich gleich danach wieder beruhigt. Er kommt und geht.

In einem Leben der Liebe kann Angst kommen und gehen. Und egal, ob sie kommt oder geht, sie hält den Liebenden nicht vom Lieben ab oder den Geliebten vom Empfangen der Liebe.

Diejenigen, die wegen ihrer Ängste nicht lieben oder Liebe empfangen können, müssen aufhören, auf ihre Ängste zu hören.

So einfach ist das.

Sie können solche Ängste rechtfertigen, sie auf einen Altar setzen und ihnen huldigen, aber diese Ängste werden sie einfach weiter und weiter von der Quelle der Liebe entfernen.

Nur wenn sie anfangen, trotz ihrer Ängste zu lieben, wird sich das Blatt wenden und statt der alten Geschichte wird sich eine neue ergeben, frei vom Schmerz der Vergangenheit.

Der Wasserfall

*Abgesehen von einigen Momenten der Zerstreutheit
bewegen wir uns im Gefäß unserer Liebe
wie der Fluss sich im Flussbett bewegt.*

Der Fluss des Lebens

Was bedeutet das: sich im Gefäß unserer Liebe zu bewegen?

Es bedeutet, dass unsere Liebe größer ist als wir selbst. Sie ist größer und stärker als wir jemals sein können. Sie hat eine solche Kapazität, dass sie uns sogar umfangen kann, wenn wir von einem Zustand des Gedankens oder Gefühls zum nächsten schwanken.

Unsere Liebe ist wie eine Mutter oder ein Vater, wir können uns darauf verlassen, dass sie uns schützen werden. Sie trägt uns behutsam, egal, was in unserem Leben passiert.

Sie ist wie das Flussbett, das sich über tausende von Jahren hinweg durch den natürlichen Fluss des Wassers zu seinem tiefsten Punkt vorgegraben hat. Genauso, wie der Fluss das Flussbett gestaltet und sich dann in ihm bewegt, macht Liebe uns zu ihrem Gefäß, damit sie sich durch uns ausdrücken kann.

Wir wissen nicht, warum wir uns lieben. Wir wissen nur mit Gewissheit, dass es so ist.

Menschen versuchen, die Liebe zu rationalisieren. Sie versuchen, sie auf ihre Grundbestandteile herunterzubrechen. Sie sagen, dass Liebe durch physische Anziehung, gemeinsame Werte und Interessen entsteht. Und doch mögen Menschen voneinander angezogen sein und gemeinsame Werte und Interessen teilen und sich trotzdem nicht ineinander verlieben.

Oder sie verlieben sich für einen Monat oder zwei, um sich dann wieder zu entlieben.

Aber Menschen, die eine große Liebe teilen – Menschen, die zusammen wirklich stärker sind als allein –, werden dir bestätigen, dass es da nichts Vernünftiges oder Gewähltes in ihrer Liebe füreinander gibt.

Für sie war Liebe nie eine Wahl. Es war eine unmittelbare Notwendigkeit, und das wird es auch bleiben.

Wenn du von etwas weißt, dass es stimmt, dann braucht es keine sorgfältigen Überlegungen. Die Wahl ist so klar, dass sie überhaupt nicht wie eine Wahl wirkt.

Die Wahrheit ist alles in allem nicht geteilt. Sie ist völlig ganz und unteilbar. Wenn uns in unserem Leben die wahre Liebe begegnet, brauchen wir die Situation nicht zu analysieren. Wir wissen genau, was zu sagen und zu tun ist.

Es besteht nicht einmal eine Notwendigkeit zu denken.

Liebe braucht keine Überredung oder Überzeugung. Sie ist eine absolute Bestimmung. Sie ist ein Gesetz in sich.

Alle, die unter den Einfluss der Liebe geraten, können sich einfach nur hingeben. Es steht nicht in ihrer Macht, sich zu widersetzen, weil sie ganz in ihr aufgegangen sind.

Wie kannst du dich etwas widersetzen, in dem du aufgegangen bist?

Es ist nicht möglich.

Andere mögen versuchen, sich einzumischen oder zu trennen, was Liebe zusammengebracht hat, aber sie werden damit keinen Erfolg haben. Nichts kann blockieren oder verhindern, was ungezwungen wahr ist. Und was nicht zusammengefügt wurde, kann nicht auseinandergenommen werden.

Es ist ein Geschenk des Universums. Und sofern dieses Geschenk erst einmal gegeben und empfangen wurde, kann es nicht mehr zurückgenommen werden.

Wie Rumi sagt: Liebende treffen sich nicht einfach irgendwo. Sie sind bereits die ganze Zeit beieinander.

Ihr Zusammentreffen ist nur ein Wiedererkennen von dem, was sie immer für wahr gehalten haben.

Denk dran, es ist für den Fluss nicht schwierig, sich im Flussbett zu bewegen. Es ist völlig leicht und natürlich.

Schwierig wird es nur in Zeiten großer Dürre oder Überschwemmung, Zeiten, in denen es zu wenig oder zu viel Emotion gibt. Und in solchen Zeiten mag sich die Form des Flussbettes ändern, um sich an das Mehr oder Weniger der Energie anzupassen.

Wenn wir aufrichtig lieben, ist es nicht schwierig, in der Liebe zu bleiben. Es braucht nur einen tiefen Atemzug, einen Seufzer, ein Entspannen in das, was ist. Alles, was es braucht, ist das Sinken in die Arme von dem, was uns hält.

Wenn du liebst, ist das Lieben nicht kompliziert. Es ist nicht einmal schwierig. Es ist nur kompliziert und schwierig, wenn du nicht liebst.

Dann glaubst du, dass es uns viel Mühe abverlangt, weil du versuchst, dich oder jemand anderen zur Liebe zu zwingen.

Aber Zwang gehört nicht zur Sprache der Liebe. Zwang ist ein Zeichen dafür, dass die Liebe nicht da ist.

Zwang treibt den Fluss über seine Ufer. Er zerstört die Bauernhöfe, die sich entlang des Flussufers befinden.

Deshalb muss die Liebe bereit sein, sich hinzugeben, nicht nur einmal, sondern tausende von Malen. Sie muss ihren eigenen Willen dem großen Willen unterordnen. Sie muss ihr eigenes selbstsüchtiges Verlangen den größeren Bedürfnissen der Beziehung unterordnen.

Diese Hingabe bedeutet keine Mühe. Es ist eine Entspannung.

Es bedeutet einen Verzicht von allem, was nicht ganz ist, zugunsten von dem, was ganz ist. Es ist ein Vertrauen in den Fluss an sich.

Jeden Tag gibt sich der Liebende der Liebe hin, wie sich der Fluss dem Flussbett hingibt. Und jeden Tag wird der Liebende von der Gegenwart der Liebe getragen, zu dem, was auch immer die Liebe benötigt. Er weiß nicht, wohin er geht. Ja, er weiß, dass er keine Wahl hat.

Er hat aufgehört, für sich selbst zu entscheiden.

Er hat gelernt, die Liebe für sich entscheiden zu lassen.

Und seine Geliebte tut dasselbe, nicht, weil er es von ihr verlangt, sondern weil auch sie sich der Liebe hingegeben hat.

Wenn zwei sich der Liebe hingeben, dann ist ihre Beziehung mühelos und voller Würde. Sie beide haben dasselbe unveränderliche Ziel und sie wissen, dass der Weg offensteht, dieses Ziel zu erreichen.

Von beiden erfordert es Vertrauen, damit so eine Liebe aufblühen kann. Doch sie können in keiner Weise beeinflussen, wer der Geliebte ist und wann er auftaucht. Sie können den Geliebten kaum erkennen, wenn er vor ihnen steht.

Es braucht keine Gelöbnisse für diejenigen, die allmählich den Geliebten im anderen erkennen. Die Liebe an sich ist eine Verkündigung des Bekenntnisses in ihren Herzen, und sie wird von allen bezeugt werden, die sie kennenlernen.

Die Hingabe ans Leben geht zwangsläufig dem Erschaffen einer wahren Beziehung voran, denn nur diejenigen, die sich dem Leben hingeben können, können sich auch einander hingeben.

Feuertaufe

*Narziss wurde nass, als er versuchte
sein Abbild im Wasser zu umarmen.*

*Wenn ich in deine Augen blicke,
gehen alle Bilder vom Selbst oder anderen
in Flammen auf.*

*Wenn das Feuer erlischt,
erhebt sich der Phönix
aus der verbliebenen Asche.*

*Er ist weder du noch ich,
und doch bewegt er sich mit unseren Gliedern
und spricht mit unserer Stimme.*

Ein dritter Körper

Liebende gebären einen dritten Körper,
dessen Lungen die Fähigkeit haben,
für zwei zu atmen,
auch wenn sie etwas anderes atmen
als Luft.
Sein Herz hat die Stärke,
zwei am Leben zu halten,
auch wenn es etwas anderes pumpt
als Blut.

Dieser Körper ist nicht aus Fleisch,
sondern aus Gedanken und Gefühlen.
Er ist das Werk von zwei Herzen
und zwei Seelen,
die gelernt haben,
zusammen zu tanzen

Auch wenn er von zweien erschaffen wurde,
die in getrennten Körpern leben,
bewohnen diese zwei
diesen Körper,
den sie zusammen in dem Moment geboren haben,
in dem diese getrennten Körper starben.

Haiku

Du hast mich dahin gebracht:
In diesen Fluss aus Licht
Der unter den Blättern hertänzelt.

Angst vor der Hingabe

Wir haben Angst davor, uns dem Geliebten hinzugeben, weil wir uns selbst nicht vertrauen.

Wir haben Angst davor, einem anderen Menschen Macht über uns zu geben, weil wir nicht an unsere eigene Macht glauben.

Anscheinend haben wir Angst davor, einander zu lieben. Aber in Wirklichkeit haben wir Angst davor, uns selbst zu lieben.

Wir suchen Bestätigung im anderen, aber solch eine Bestätigung von außerhalb ist unmöglich. Sie kann nur von innen kommen.

Ohne diese Selbstbestätigung ist es unmöglich, jemand anderen zu lieben.

Wenn jemand sich einem anderen unter- oder überlegen fühlt, kann er sich sicher sein, dass es ihm an Selbstbestätigung mangelt.

Selbstbestätigung macht die Ausweitung der Liebe möglich.

Liebe ist nur möglich, wenn ich und du beide wissen, dass wir etwas wert sind.

Dann gibt es in unserer Liebe keine Aufopferung. Und wenn es keine Aufopferung gibt, dann kann unsere Liebe nicht neurotisch sein. Sie kann nicht entstellt oder gegen sich selbst gerichtet sein. Was gegeben wird, kann im Gegenzug empfangen und wiedergegeben werden. Gegenseitigkeit überwiegt.

Die Beziehung ist gut polarisiert, sodass sich der Strom zwischen den beiden Polen vor- und zurückbewegt.

Für eine richtige Polarisierung müssen beide Pole intakt sein. In einer dynamischen Beziehung muss jeder Partner mit sich im Reinen und in sich selbst ganz sein.

Jeder muss zuversichtlich sein. Jeder muss würdig sein. Jeder muss bereit sein, Liebe zu geben und zu empfangen.

Verantwortung für sich selbst ist wesentlich für die Verantwortung anderen gegenüber. Liebe für sich selbst ist notwendig für die Liebe zu anderen. Selbstvertrauen ist notwendig für das Vertrauen in andere.

Wir können außerhalb von uns nicht finden, was in uns drinnen nicht bereits existiert.

Wenn du die Liebe oder Aufmerksamkeit eines anderen Menschen brauchst, um dich stark zu fühlen, dann ist deine Stärke eine Illusion.

Wenn du andere dominieren musst, um dich selbst gut zu fühlen, dann ist dein Selbstwert hauchdünn.

Weder ein Blutsauger noch ein Tyrann ist zu wirklicher Liebe in der Lage. Die einzige Liebe, die sie kennen, ist co-abhängig und missbraucht sie selbst und die anderen.

Wer sind die Menschen, die in Beziehungen am erfolgreichsten sind? Es sind diejenigen, die gelernt haben, sich selbst zu lieben und zu vertrauen und bereit sind, diesen Segen auch anderen zukommen zu lassen.

Sie sind selbstbewusst, aber nicht großspurig oder selbstsüchtig. Ihre Kraft liegt in ihnen. Deshalb sind sie in der Lage, mit anderen sanft umzugehen.

Der siebte Tag

1

*Du benötigst sechs Tage
um zu bemerken,
dass du es nicht magst,
bedrängt zu werden.*

*Am siebten Tag
betrittst du den Kriegspfad;
kannst nicht einmal
den Klang seiner Stimme ertragen.*

*Dieser Mann, sagst du,
mit dem du dein Leben verbringen möchtest,
ist dein Erzfeind geworden.
So weit zu deinen romantischen Fantasien!*

*Sie haben dir
einen unregelmäßigen Herzschlag verschafft
und treiben ihn hinaus,
um in der Dämmerung die Straßen der Stadt
zu durchstreifen.*

II

Engelsgleiche Kreaturen ohne Flügel,
haben sich ihre Arme und Beine gebrochen,
ihre Herzen sind in Wut geschmiedet
von Drachen, die von unten emporsteigen.

Nun weißt du:

Es gibt da viele kleine Tode,
bevor der Geist aufhört sich an etwas zu klammern
und sich dem endgültigen Chaos
jenseits der Gedanken hingibt.

III

Du willst das Göttliche umarmen
ohne das Durcheinander
in deinem Herzen zu durchwandern.

Das ist nicht möglich.

IV

Manche Menschen geben vor, in Ordnung zu sein,
während sie in Gedanken
ständig ihre verletzten Gefühle
durchleben, ein ums andere Mal.

Aber früher oder später
bricht der Vulkan aus,
und der Fluss geschmolzenen Steins
zerstört auf seinem Weg alles.

V

All diese filigrane Arbeit –
zerstört an einem Tag,
wenn der schwarze Fluss
hereingebrochen kommt.

Fluss der Nacht,
der du fließt durchs Herz,
rot vom Blut
der erschlagenen Drachen.

*Fluss der Tränen,
der du fließt zu deinem letzten Ruheort,
dem tiefen schwarzen Meer
der Annahme,*

*wo alles ist, wie es ist,
und nicht verleugnet werden kann,
versteckt, übertrieben
oder irgendetwas anderem auferlegt.*

Annahme

Da eine Beziehung nicht erzwungen werden kann, müssen wir dem mehr Beachtung schenken, was spontan funktioniert, ohne Grübelei oder Mühe.

Wir wollen vielleicht eine Beziehung, die funktioniert, aber das bedeutet noch lange nicht, dass sie funktioniert.

Sicher erhöhen beidseitige Bereitschaft und eine gemeinsame Vision die Erfolgschancen einer Beziehung, aber es gibt einen weiteren Faktor, der genauso bedeutsam ist.

Es ist die Weise, in der zwei Menschen physisch, emotional, mental und spirituell miteinander interagieren. Manche nennen es die „Chemie". Aber oft meint dieser Begriff die sexuelle Aufladung einer Beziehung, und als solcher sagt er nichts aus über die Leichtigkeit und Vertrautheit, die Menschen in der gegenseitigen Präsenz auf eine nicht-sexuelle Weise empfinden.

Worüber ich hier spreche, ist nicht nur die sexuelle Verbindung, sondern eine Kohärenz der Energien auf allen Ebenen, die physischen Manifestationen, die zum Beispiel beinhalten, dass man den Geruch oder die Berührung des anderen genießt, in seine Augen schauen möchte, sich vom Klang seiner Stimme aufgerichtet fühlt. Es ist ein „ganzer Körper" oder eine alle Sinne ansprechende Chemie.

Es dehnt sich auf die Weise aus, wie wir neben der anderen Person gehen und wie wir mit ihr sprechen.

Wir fühlen uns wohl. Wir fühlen, dass wir einander ergänzen.

Wir wertschätzen und bewundern einander auf eine natürliche Art. Dafür müssen wir uns nicht anstrengen. Es passiert wie von selbst.

Eine solche Beziehung ist ein Geschenk des Universums.

Sie ist ein fortlaufender Segen.

Wir müssen uns nicht anstrengen, um sie zu erhalten oder aufrecht zu halten. Alles, was wir tun müssen, ist, wir selbst zu sein und unseren Teil zu erledigen.

In solch einer Beziehung passiert es uns nie, dass wir selbstsüchtig oder uns selbst verteidigend handeln. Wir halten unsere Liebe oder unsere Unterstützung nicht zurück. Wir sind freigebig, ohne an „mich" oder „meins" zu denken. Wir sind zufrieden, all das zu teilen, was wir haben.

Wenn der andere Mensch etwas braucht, dann macht es uns sehr viel Spaß, ihm dieses Bedürfnis zu erfüllen.

Dass sich unser Partner wohlfühlt, ist uns genau so wichtig wie unser eigenes Befinden.

Das ist nichts, das wir „probieren" umzusetzen. Es ist unsere natürliche Neigung.

Wann immer wir „probieren" müssen, jemanden zu lieben, können wir uns sicher sein, dass wir weit davon entfernt sind, zu lieben.

Liebe drückt sich spontan aus. Sie braucht keine Planung, keine Übung, keine Mühe.

So viel zum „Liebe machen". Das ist unmöglich. Liebe kann nicht gemacht werden.

Es ist ein Geschenk, das uns gemacht wird, und wir haben keine andere Wahl, als es weiterzugeben.

Nein, wir machen die Liebe nicht. Sie macht uns.

Liebe glättet unsere rauen Kanten. Sie macht uns weich und hilft uns, unsere Herzen zu öffnen. Die Liebe trägt und bewahrt uns. Sie zeigt uns, wie wir uns in grünen Seelenlandschaften niederlassen können. Sie macht uns die Seele wieder zugänglich.

Liebe ist unser Lehrer und unser Führer.

Wir können uns nicht dazu bringen, andere zu lieben. Wir können andere nicht dazu bringen, uns zu lieben.

Aber wir können die Liebe darum bitten, uns zu lehren und zu leiten.

Wir können die Liebe darum bitten, die Hindernisse zu entfernen, die wir ihr vor die Nase setzen.

Wir können den Weg freimachen und die Liebe erledigen lassen, was sie zu tun hat.

Wir können aufhören, uns nur auf uns selbst zu verlassen und beginnen, uns hinzugeben. Wir können beginnen, uns auf die Liebe zu verlassen, ihr gestatten, unseren Widerstand aufzulösen und uns nach ihrem Bild zu erschaffen.

Das ist keine Schönheitschirurgie, sondern Seelenchirurgie. Es ist eine völlige Neuerschaffung.

Es ist ein Herunterreißen des Falschen und die Offenbarung der Essenz. Es ist ein Wiedererrichten des Hauses unseres Lebens mit dem Licht und der Gnade der Wahrheit.

Nur wenn unsere Egostruktur aufgedeckt wird und unser Selbstvertrauen vom Geist neu erschaffen wurde, sind wir in der Lage, selbstlos zu lieben.

Bevor wir diesen Prozess der Neuerschaffung nicht durchleben, werden wir nicht bereit sein, dem oder der Geliebten zu dienen, wenn er oder sie zu uns kommt.

Kannst du dir vorstellen, dem Geliebten, auf den du dein ganzes Leben gewartet hast, zu sagen: „Entschuldige, aber ich bin noch nicht bereit. Kannst du nächste Woche oder nächsten Monat wiederkommen?"

Du weist den Geliebten nicht ab.

Du verneigst dich und sagst: „Namaste. Es ist mir eine Ehre, dich zu treffen."

Du sagst nicht: „Ich bin nicht bereit zu tanzen. Ich erhalte noch Lektionen."

Du sagst: „Bitte verzeih meine Unbeholfenheit. Woran es mir an Fähigkeit mangelt, das werde ich an Bereitschaft wettmachen."

Wenn die Einladung zum Tanz kommt, hast du keine andere Wahl, als zu sagen: „Ja. Danke."

Dein ganzes Leben hast du auf diesen Moment gewartet. Wie kannst du zögern? Wie kannst du daran denken, die Liebe zu bitten, darauf zu warten, dass du deine Bereitschaft spürst?

Ich werde dir etwas sagen. Die Liebe kommt erst zu dir, wenn du so weit bist.

Es ist egal, ob du dich so weit fühlst oder nicht. Die Liebe weiß es.

Die Liebe weiß, wann die Zeit zum Tanz gekommen ist. Und sie kommt immer zur rechten Zeit.

Also, sei bescheiden, mein Freund. Das Timing der Einladung liegt nicht bei dir.

Alles, was du tun kannst, ist, dich weiterhin hinzugeben, dir nicht den Weg zu versperren, dich von der Liebe durch deinen Weg geleiten und von ihr formen zu lassen.

Und dann wird die Einladung kommen. Vielleicht wird sie kommen, wenn du es ahnst. Oder sie wird kommen, wenn du am wenigsten damit rechnest.

Das spielt keine Rolle!

Deine Aufgabe ist es, nicht zu versuchen zu kontrollieren, wer der oder die Geliebte ist und wann er oder sie kommt. Deine Aufgabe ist es ganz einfach, den oder die Geliebte/n zu erkennen, wenn er oder sie vor dir steht.

Und sobald du das tust, wird die Person, die du einst warst, vernichtet. Das „Du", das dich stets getrennt gehalten hat, wird zerstört.

Da wird es nichts mehr geben, das zwischen dir und dem oder der Geliebten steht. Weil du mit dem oder der Geliebten eine Person wirst, eine Energie, eine vereinigte Vision, ein Ziel.

Das ist es, was es heißt, getauft zu werden, über das getrennte Selbst hinauszugehen und sich in das Einssein der Schöpfung einzustimmen.

Wenn du das mit einer Person tun kannst, gelingt es dir mit allen. Deshalb ist eine heilige Hochzeit die Tür zu einer bedingungslosen Liebe.

Niemand kann das geschehen lassen.

Du kannst nicht entscheiden, das Ego zu vernichten. Das Ego fällt einfach ab, wenn du es nicht mehr brauchst.

Wenn du bereit bist, den Geliebten zu ehren, kommt er oder sie an. Und dann gibt es keine getrennten Pläne mehr, keine getrennten Wünsche oder getrennten Ziele.

Da ist nur ein Plan, eine Agenda, ein Wunsch, ein Ziel. Und das ist, ein Werkzeug der Liebe zu sein.

„Herr, erlaube mir, ein Werkzeug deiner Liebe zu sein, deiner Annahme, deines Mitgefühls."

Das ist es, worum der heilige Franziskus gebeten hat.

Das ist es, worum jeder bittet, wenn der Geliebte kommt.

Möget ihr alle gesegnet sein.

Möget ihr in euch und außerhalb von euch die Essenz finden. Möget ihr im Innen wie im Außen die Braut oder den Bräutigam finden.

Möget ihr mit Vertrauen tanzen. Möget ihr mit Selbstbewusstsein tanzen. Möget ihr tanzen, wie ihr nie zuvor getanzt habt.

Gebet

Mögest du in meiner Liebe ruhen
wie der Fluss in seinem Flussbett ruht,

wie der Falke im Aufwind der Luft bleibt,
der ihn über den Berg trägt.

Mögen deine Tiefen mich tiefer zu mir führen.
Mögen deine Höhen mich ausdehnen.

Mögest du dich an mich lehnen,
wenn deine Last schwer ist

und Zuflucht in meinen Armen finden,
wenn du deinen Weg nach Hause verlierst.

Möge meine Weichheit dich umhegen.
Möge meine Festigkeit dich unterstützen.

Mögest du in meiner Liebe bleiben,
wie die Großen im ewigen Tao bleiben,

wie die Weisen ruhen
in der Gewissheit Gottes.

Die Gewissheit deiner Liebe

Nun, da ich in der Gewissheit deiner Liebe lebe,
verlockt mich nicht mehr der Schönheit
Versprechen
oder der Weisheit Gewinn.

Alte Juwelen glitzern nicht mehr,
noch erscheinen mir heilige Schriftrollen als
singend.

Was gibt es Größeres auf der Welt zu erreichen?
Nur deine Liebe macht mich frei.
Alles andere ist ein Klotz und eine Kette.

Das Treffen

*Ich wusste immer, dass du zu mir kommen würdest
und dass ich dich erkennen würde,
wenn du kommst.*

*Ich wusste, ich würde mich selbst sehen,
wenn ich in deine Augen blickte,
und dein Herz schlagen hören,
wenn ich deine Hand in meine nähme.*

*Weißt du, für mich bist du keine Fremde.
Ich kenne dich
seit Langem schon.*

*Und nun, durch eine außergewöhnliche Gnade,
kann ich kaum begreifen,
dass du vor mir stehst.*

*Ich grüße dich, meine Liebe.
Ich feiere dieses Treffen von Innen und Außen,
von Herz und Verstand,
Körper und Geist.*

*Alles, was getrennt und auseinander war
ist nun wieder zusammengefügt.
Zwei wurden zu Einem.*

*Himmel und Erde sind vereinigt.
Mensch und Gott berühren sich.
Was immer wahr gewesen ist,
ist nun wahr in uns.*

*Wir danken.
Möge das, was uns segnet,
alle Lebewesen segnen.*

Paul Ferrinis Werk verbindet auf einzigartige Weise die Lehren Jesu mit anderen Weisheitstraditionen und führt den Leser zurück in das Herz der Heilung. Seine Vorträge und Gespräche, seine Retreats und der  Affinity-Prozess haben Tausenden geholfen, ihre Praxis der Vergebung zu vertiefen und ihre Herzen der göttlichen Gegenwart in sich und anderen zu öffnen. Paul Ferrini studierte Erziehungswissenschaften, Psychologie, Literatur und Religionswissenschaften und lehrte in Schulen und Gefängnissen. Er hat zwei erwachsene Kinder und lebt abwechselnd in Florida und Massachusetts.

www.paulferrini.com
www.paul-ferrini.de

Abbildungen:

Rowan Schelten, photocase: Titelbild, S. 13, 14
fotolia: S. 24, 34
MEV: S. 34, 45, 66, 72, 79, 110, 118, 124, 135